# 课改突围

## ——构建学校生态化教学体系

KEGAI TUWEI GOUJIAN XUEXIAO SHENGTAIHUA JIAOXUE TIXI

杨树岳 著

江苏凤凰教育出版社
Phoenix Education Publishing, Ltd

图书在版编目（CIP）数据

课改突围：构建学校生态化教学体系/杨树岳著．—南京：江苏凤凰教育出版社，2015.5（2023.11重印）

ISBN 978-7-5499-4902-1

Ⅰ.①课…　Ⅱ.①杨…　Ⅲ.①中学教育－教学研究－文集　Ⅳ.①G632.0－53

中国版本图书馆 CIP 数据核字（2015）第 085639 号

书　　名　课改突围——构建学校生态化教学体系
作　　者　杨树岳
责任编辑　午新生　雷利军　祁篆萍
出版发行　凤凰出版传媒股份有限公司
　　　　　江苏凤凰教育出版社（南京市湖南路 1 号 A 楼　邮编 210009）
苏教网址　http：//www.1088.com.cn
照　　排　润星之源文化有限公司
印　　刷　唐山富达印务有限公司
厂　　址　唐山市芦台经济开发区农业总公司三社区
开　　本　787 毫米×1092 毫米　1/16
印　　张　13.25
字　　数　197 千字
版　　次　2015 年 5 月第 1 版　2023 年11月第 2 次印刷
书　　号　ISBN 978-7-5499-4902-1
定　　价　68.00 元
网店地址　http：//jsfhjycbs.tmall.com
邮购电话　025-85406265，85400774　短信　02585420909
E - mail　jsep@vip.163.com
盗版举报　025-83658579

# 一位教育工作者的专业成长（代序）

甘肃环县五中的教务主任杨树岳老师要把他近几年写成的一些对平日工作的思考文稿汇集出版，嘱我写个序。写序这种事，不是谁都可以做的，尤其像我，不论是名气还是水平，都自觉不够资格。但是，因为树岳是我的表弟，也是我的QQ好友，他的这些文章最初发表在他的QQ空间时我都在第一时间读过，并大都跟帖写过评论，特别是他的这些文章产生的背景以及他现在工作的这所学校，我也算是熟悉。所以，面对他的盛情，我也就不揣浅陋，不顾人轻言微，将自己的一点阅读体会写在这儿，也是与作者以及读者的一个交流。

根据对树岳本人的了解以及阅读这些文稿的体会，我主要谈一个问题，即教育工作者的专业成长。

专业成长，也即专业发展。教师，包括校长、教务主任等在内的一切在教育岗位上从业的人，其所从事的工作，大都不是一项仅仅用来谋生的简单职业，而是一种专业。既然是专业，就有个专业化或者专业发展的问题。专业发展越好，专业化程度越高，就越适宜做好本职工作。进入21世纪以来，为推动基础教育课程改革的有效实施，教师专业发展的问题在我国被明确地提了出来并受到了空前的重视。比如，各种针对教师、校长的培训就比从前多了很多。为了强化教师的职后教育，曾经通行上百年的“师范教育”改成了“教师教育”，就连国家教育部的“师范教育司”也更名为“教师工作司”。

应该说，经过多年持续不断的多种举施的实施，我国中小学教师队伍的整体状况发生了积极的变化，不论是学历层次还是知识理念、教学技术都有了较大程度的提升。但是，也毋庸讳言，就综合素质、业务能力而言，广大教师，包括校长、教务主任等在内，大家的发展还不平衡，我国教育工作者的专业化水平还不是很高。只要深入到课堂里面，这些都很容易看得出来。至于新课程改革以来强调的教学反思与行动研究，则更是多数教师的软肋。

在当下众多的学校教育工作者中，特别是在一个经济、文化欠发达的地区，杨树岳无疑是很优秀的一位，他的专业发展很突出，也很成功。他做教师的起点并不高，1989年刚参加工作时，他只是一位学历不合格的初中阶段语文兼美术教师，但经过20多年的摸爬滚打，一步一个脚印，他逐渐脱颖而出，成为一所很有些规模和影响的县城中学的管理骨干。现在，他不仅是一位中学高级教师，一位完全中学的教务主任，而且还是中国书法家协会的会员。如果说，他已经出版的几部书法作品集、书法文集标志着他痴迷多年的“术业专攻”已经有了一片属于自己的天空，那么，这部教育文集的面世则表明他长期得以安身立命的职业生涯也达到了一个新的高度，实现了本职工作的专业化。

文集取名《课改突围——构建学校生态化教学体系》，表明作者不只是一位行动者，还是一位思考者。选入文集的每一篇文稿，不论当初写作时的入笔角度怎样，也不论在编入本集时归入哪一个栏目，其核心内容都是作者对自己亲历的每一个教育事件或发现的每一个教育问题的深入思考。这43篇文章汇集到一起，既记录了一位普通教育工作者一段日常的教育生活，也反映了一位优秀教育工作者一段不凡的心路历程。“且行且思”，作为负责学校教学业务的一位中层领导，对于每天必须面对的各项工作，树岳不只是用眼去看，用嘴去说，用力去做，而且还用心去想——只要是觉得有意义的事情，他都要动用自己对教育教学的认识和理解认真地思索考量一番，并且及时地予以书面表达。“我思故我在”，正是这种行动中的积极思考，这种用“心”做事的认真态度，使得他把这份工作做得更专业，也更有成效，更加兴味盎然。

再读这些文章，在佩服作者视野的开阔、目光的敏锐、思维的活跃、见解的精准以及充沛的精力和快捷的效率的同时，有一个疑问一直萦绕在我的脑际：一位本来只有中师毕业文凭，按理只能在乡村小学做教师的人，为什么在中学而且是县城最好的中学里面竟然还能干出这样的名堂？也就

是说，在树岳专业成长的道路上，有哪些因素或力量为他提供了有力的支持？

当然，首先还是他个人的原因。据我的了解，树岳有两个特点：一是积极的人生态度，二是勤勉的行为习惯。因为积极，所以他能够不断进取，追求卓越；因为勤勉，所以他能够认真做事，拒绝慵懒和拖沓。这两种品质，使得他不论做什么事情都能够做好，既目标明确、放眼高远，又脚踏实地、措施得力。前文所述他的勤于思考和善于用“心”做事，就是这种性格特点的集中体现。于是，他不仅有了这样一部文集，更有了他20多年教育生涯中的一个个令周围人仰慕的业绩。

除此而外，还有两点我觉得也很重要。

一是他所接受的职前教育。树岳的基本学历是中等师范，1985年初中毕业后考上庆阳师范学校，四年后即参加工作。这样的学历，对于今天只有本科甚至研究生毕业才可以入职的新教师来说，简直不足挂齿，但是只要是从那一时期走过来的人，就都不会摇头。有人说，要知道什么是素质教育，就看看20世纪八九十年代的中等师范教育。我完全同意这一说法，并且同时认为，要知道什么是教师教育，也请看看那一时期以及更早的中等师范学校。进入21世纪后逐渐在各地消亡了的中等师范，一直是中国教师教育体系中的最低层级，但却也是把教师教育真正做好了的一级师范院校，它不仅有着最为完备的学生培养计划和教学措施，而且有过最好的生源。因此，这种学校毕业的学生，长期以来一直都是我国基础教育事业的中坚；他们虽然只有中专学历，但其教师素养以及在工作中所表现出来的综合能力，往往优于比他学历更高的专科或者本科师范生。杨树岳就是这其中的一位。他1989年庆阳师范毕业能分配到环县一中，就是因为他具备了美术的特长，而后来的发展还表明，他那四年中师所获得的教益，绝不仅仅就这样一种专业技艺，而是关于教育工作的全面启蒙与积淀。

二是他从教以后的工作环境。25年间，树岳先后呆过两所学校——环县一中和环县五中。前者20年，主要做教师；后者5年，主要做中层领导。树岳从教后的专业成长，就是在这两所学校进行的。在我看来，树岳之所以能发展得这么好，与他就职的这两所学校也不无关联。环县一中虽然只是一所县级中学，但一直是我所熟识的学校中非常好的一所中学。这里领导开明，教师敬业，学生刻苦，特别是学校的那种既积极进取又和谐自由的氛围，为每一位想要在这儿有所作为的教师提供了充分的发展空间。因而多年来，环县一中一直“藏龙卧虎”，树岳在环县一中的那些年，就有好几位令我仰视的教师。比如，教语文的谷朋利，教历史的黄正林，教数学的李相锋，教英语的张志怀，教生物的胡茂生，以及似乎只教过一些杂课，更多地做教务干事的尚德琪，等等。他们不只专业精深，而且思想活跃，其学识才华即使在我所工作的高校也不多见。树岳在这里20年，与这些同事相处甚密，交往甚厚，共同的精神激励和经常的切磋研讨，对于他知识的增长、能力的增进和认识水平的提高无疑产生过重要的影响。环县五中，作为一所政府投资重点新建的完全中学，不仅各种教学设施一流，而且从全县范围精选、抽调组成的教师队伍和管理团队更表现出一般学校所没有的朝气和激情。特别是它的领头人张兴斌校长，沉稳果敢，秉承科学、民主的精神和新课程改革的理念，发愤图强，锐意进取，带领一班人短短几年便把这所百端待举的学校办得有声有色。树岳在这样的学校干事，正是施展才华和历练能力的最佳场地，同时也得到了来自上上下下最为充分的鼓励、支持、信任和帮助。拥有如此丰厚、优质的职后教育和校本发展资源，其专业成长自然突飞猛进。

树岳今年46岁，正是人生和事业发展的黄金时期。这本教育文集，只是他近三四年间且行且思的记录。我想，凭着他对这份工作的这种执着以及由此而对这个事业愈来愈通透的感悟，今后他还会有更多更精彩的这类文集出版。我期待着。

郭治锋

2014年4月20日于天水师范学院园丁苑

郭治锋：甘肃环县人，1965年生，天水师范学院文史学院副教授，硕士研究生导师，甘肃省教育学会中学语文教学专业委员会常务理事兼学术委员会副主任。

# 自　序

课改，是近几年教育界谈论最多的一个词，搞没搞课改好像已成为衡量一所学校是否发展的标准。课改好不好？多数教育人都持肯定的观点；搞没搞课改？多数教育人则不敢涉足，因为，课改不好搞，没有现成的路径可循。

2010年8月，组织安排我到新建中学——甘肃环县第五中学任职。虽说我有23年的教育经历，但这么多年我所做的只是被动地接受任务，被动地应付每一个45分钟。新建学校面临很多棘手问题，家长不认可，学生流失严重。记得学校首届初中招生，教育局划拨511人，报到注册后仅剩417人，有一些家长通过各种途径想办法让孩子转学了。开学后，我们管理人员走进课堂进行调研，发现教师观念落后、思想保守、教法单一，普遍存在满堂灌现象；学生唯唯诺诺、缺乏自信。此情此景，令我们管理人员非常尴尬，也深深地刺痛了我们的心。

没有分数应付不了现在，没有能力应付不了将来。提高分数的途径是多样的，不仅仅只是传统意义上的那一条道。在校长的带领下，年轻的五中人决定从需要出发，按规律行事，改变自己的行走方式，突围困境。于是，我和同事们扛起了课改的大旗，走进“圣殿”，取经“前景”，问道济南……

把任务变成需要。任务是被动的，需要是主动的，凡事只要需要，就应该千方百计、想方设法主动把它做好。由于需要，我们才走出去，请进来；由于需要，我才一次次走进课堂，与师生探究学习良方；由于需要，我才深度思考教师专业技能以外的能力问题。

在每天的工作中，我常常感动和感叹。我感动于我的同事们锲而不舍的教育探索，感叹于社会、部分家长及部分教师对教育的畏惧、误解，在教育对象面前的束手无策。因此，我竭尽所能地用我的行为改变着周围人对教育的理解，我把看到的、做过的、想过的某些事或某些教育理念用文字记录下来并加以诠释。

不觉间，四年过去了，环县五中的改变逐渐引起了社会的关注，获得了家长的认可、专家的赞许。我也用稚嫩的笔触记下了百余篇从教轨迹，这些文字有叙事的教育故事，有生活中的教育感悟，有从一线教师课堂上总结出的教育方法，有专门的教育调查，还有我对某一教育现象、教育行为的较深层次的钻研探究。

按照教育规律落实教育行为，从教育对象的实际出发采取相应的教育策略，最大限度地激活、唤醒教育对象的学习自信、学习动力，使其积极主动地投入到学习活动中去，这是我所有文章的核心思想。作为教师，应想方设法促进自己的专业成长，以便更好地、科学高效地为自己的工作服务，这是我对教师提出的建议。

综观这些文字，我恍然大悟，教育其实并不神秘，教育其实就在我们的点滴生活中，只要我们心中有学生，心中有老师，心中有对这份事业执着的爱。

# 目录

## §课改懵懂起步篇§

## §课改行动成长篇§



## §课堂教学探索篇§

## §课改实践策略篇§

## §教育随想感悟篇§

# 课改懵懂起步篇

*Ke Gai Tu Wei*

# 如何在困境中寻求课改出路

环县位于甘肃省东部、庆阳市西北部，与陕西省定边县，宁夏回族自治区的原州区、同心县、盐池县接壤，地处毛乌素沙漠边缘的丘陵沟壑区，山大沟深，地形复杂，山、川、塬兼有，梁、峁、谷相间，是甘肃省 41 个国家扶贫开发工作重点县和 20 个干旱困难县之一。

1936 年环县解放，建立了红色政权，成为陕甘宁边区的一部分。

环县第五中学（以下简称环县五中）就坐落在环县县城北关、宋塔脚下，是环县教育局响应全省学校布局调整精神新建的一所完全中学。

2010 年 8 月下旬，环县县委常委研究成立环县五中领导班子，原环县一中副校长张兴斌任校长，原环县一中办公室副主任杨青、环城初中总务副主任王钧钰任副校长，原八珠初中校长王俊哲任总务副主任。在原环县一中任团委书记的我任政教主任。

县委决定，初中部秋季开学，从全县的龙头初中——环城初中划拨十个班共 511 名学生。

但在开学第一天，就遇到了让校领导尴尬的事，许多家长找到校长，要求把自己的孩子转到县城的老学校环城初中或环县四中上学。校长很为难。不同意？家长言辞恳切，理由充分。同意？学校刚成立，家长对新学校没有信心很正常，但学生都转走了，这学校还怎么办？有些家长通过各种关系给学校施压，要求校长同意自己的孩子转学。

这还算是礼貌的。有些家长干脆不和学校打招呼，自己与接收学校联系好，学生直接就不来了。结果招生时划拨的511名学生在建档时竟然剩下417人，大多数比较优秀的学生及县城的职工子女都“转”走了。

另一件让校领导纠结的事是，新学校教师的专业素质和教学理念有待加强。开学报名工作结束后，学校决定对所有科任教师的专业功底、教学素质进行摸底调查。调查采取了不打招呼推门听课，有针对性的研究性听课，问卷调查及教案、作业检查等方式。调查结果显示，大多数教师专业功底一般、教学观念陈旧、教学方式单一、以填鸭式教法为主。有些教师的专业功底很弱，有些甚至连工作计划和总结都不会写。有一名数学老师在课堂上教学完全是自问自答，全然不给学生思考的机会，结果一节课，学生听得很累，似懂非懂；老师讲得也很累，嗓子都沙哑了，但教学效果却很差。从学生的期中检测结果看，我校与环城初中考一套试题，学生每科的人均成绩差距在10分以上，个别教师所教科目的考试成绩甚至低于环城初中的平均线30多分。

面对家长的不信任，教师教学素质偏低、教学观念陈旧，学生基础薄弱的现状，学校的管理者很着急，作为学校负责人的校长的心理压力更大。如何让这所新学校立足，成为学校的头等大事。如果按部就班地开展教学工作，要想在几年内使学校得到社会的认可，很难！环县现有的几所高中，环县一中在全县鹤立鸡群，没有哪所学校能与之抗衡；环县二中也是几十年的老学校，在教学管理上形成了一定的经验，也有一批素质过硬的优秀教师；环县四中虽是新学校，但与环县五中相比，也积累了五六年的办学经验；环城初中是县城唯一的一所独立初中，自从环县一中的初中部撤销后，环城初中就一直引领着全县的初中教育。环县五中面临着巨大的压力与困境。

通过一学期的观察，张兴斌校长发现，环县五中的教师最缺乏的是自信和不断学习的精神，以及一种“一切为了学生”的态度和精细、踏实的工作作风；环县五中的学生最缺乏的是自信及自我教育、自我锻炼的机会。

怎么办？学校领导班子的每个成员都在问自己。是走老路？还是借助

时下课改之风创出一条新路？

面对新学校的困境，学校的管理者都在进行深度的思考。

经过一个寒冷的冬天，学生在新学校的第一个学期很快结束了。春天即将来临，这是一个孕育生命和思想的季节。环县五中，这所新建学校也必将以势不可挡的气势在陇原的大地上崛起。

# 捷径还是“独木桥”

## ——对艺体考生现状的思考

又到一年中考时，人们的话题又都集中在了孩子能否上高中上。孩子学习好，能够考上高中的学生的家长为孩子考哪一所学校而犯愁，为能否上重点而犯愁；孩子成绩不好，升学有困难的学生的家长则惶惶不安，四处托人走关系、想办法，试图采取非正常手段跨进高中的大门。

各中学一时成了市民关注的焦点。而各个学校为了学校的发展，为了能够招收到好学生，也展开了生源大战。

早在四月前后，省内的一些重点中学就开始在全省范围内招收学生，提前把各地的优秀学生招到自己的学校。据说今年某重点中学在兰州市外只招收 90 名学生，而报名者却有近 2000 人，竞争难度何其大哉。随后，市内的一些重点高中也利用各种媒体刊登招生广告，出台优惠政策，以吸引优秀学生。就连一些二流、三流学校，为了能招收到相对优秀的学生，也采取了上门宣传的方法，鼓动学生报考自己的学校。如此说来，孩子要上高中应该不是难事。然而事实是，因为僧多粥少，学生初中毕业时年龄还小，家长都希望自己的孩子能够上高中，而高中的录取率只有 33%～50%，于是就产生了如前所述的热闹场面。

为了缓解压力，上级对学校一再加压，采取了扩招的办法，考低分的学生只要多交钱也可以有学上，然而问题还是难以解决。学校扩招，不断地扩大班额，使得一个班级的人数达到了七八十人。于是学校和教师不得不面对这样的难题：这课怎么上？教学质量如何提高？

多年以来，高中作为基础教育的高级阶段，高考升学率一直是衡量学校办学成果的唯一标志。家长这么认为，社会这么认为，导致学校自己也觉得唯有多考中几名大学生自己的腰杆才能挺直。所以，一些二流、三流中学由于生源问题，高考时很难与各地的重点高中相比，于是就另辟蹊径，在体艺方面做起了文章。这些中学为了在社会上树立起自己的形象，招收大量音体美特长生，他们觉得这些专业高考好考，通过这些专业可以提高学校的高考升学率，提高学校的声誉。

然而这条道也不好走。据 2011 年甘肃省高考艺考报名情况统计，2011 年全省高考艺术类报考人数共计 19299 人，与 2010 年相比增加 1519 人，而录取人数没有变化。体艺考生的录取率在 10％左右，而普通考生的二本以上录取率在 20％左右，有些学校甚至超过 30％。随着体艺特长生报考人数的逐年上升，体艺的录取比率还会逐年下降。很多人把体艺特长当作跨进大学门槛的一条捷径，却没有想到体艺考生要比其他考生多付出许多。如果体育考生潜在的身体素质好，那么考试难度不大；而美术、音乐等考生要把一门技艺从零开始学习，达到高考录取的水平，谈何容易。有些家长只看到这类考生高考时文化课可以比普通考生低 100 多分，但从来没想过，假如考生把学这些专业的时间用在攻读普通学科上，或许提升的就不仅仅是 100 多分了。

当然，体艺考生中也不乏一些真正有天赋的学生，真正爱好这些专业的学生，这应另当别论。一般来说，学了体艺专业的学生，在高考时都想通过专业高考走出去，而不想再返回到普通考生的队伍中。体艺高考的选择比普通高考少，这犹如一座独木桥，大家都往上挤，都想通过这座独木桥到达理想的彼岸，但怎么可能实现呢？

然而，是谁把这么多学生挤上体艺这座独木桥的呢？

我想首先是学生自己。学生学习不勤奋，对学习文化课不感兴趣，最终找不到自己的出路，看有人从这条道走了出去，就跟“风”。殊不知，这并不是一条铺满鲜花的阳光大道，而是一条充满艰辛的道路，是一条成功概率较低的道路，是一条竞争异常残酷的道路，是一条高成本的道路。

其次是家长。孩子对学习不感兴趣，家长不与学校配合，不与孩子沟通，不早发现孩子的特长并对其进行培养，当孩子实在跟不上，没有选择余地时，才想到把孩子送到这条道上碰运气。

再次是社会。从近几年的大学生招聘工作中可以看出，不管学生学的是什么专业，只要是国家的统招生，只要是大学毕业，就能找到工作。尽管很多当年通过体艺考试走进大学门槛然后走上工作岗位的学生并没有从事专业工作，但这类学生事实上就是通过体艺这条道迂回了一下，最后实现了就业，所学专业的水平高低已无关紧要了，反正又不从事专业工作。于是就有了一批批的仿效者。

当然，也有学校的原因，前面已经说过了。

不管怎么说，体艺这条路虽然艰辛，虽然成功的概率小，但这毕竟是条路。如果让他们与优秀的文化课考生竞争，他们一点信心都没有，或者说一点机会都没有。但这条路上的竞争者绝大多数在同一起跑线上，只要努力，多少还有点希望。问题的关键就要看招生学校如何组织教学了。

目前，大多数有体艺考生的学校对这类学生的教学采取的措施是，一个年级一个特长小组，一个特长小组由一名教师负责。学生分散在每个班中，这一个年级的体艺考生交给这名教师辅导后，学校基本上就不管了，只等三年后向教师要结果。我认为这是不科学的，既是对学生不负责任，也是对学校教师资源的浪费。一方面，不利于体艺学生的文化课学习，各班的教学进度不一样，管理方式也不一样，学生在进行专业学习时心里不踏实；另一方面，每个教师的专业都有局限性，一批考生由一名教师辅导，对考生来说有很大的风险。如果这名教师专业能力强，富有敬业精神，那这群学生还算幸运；如果这名教师水平低或不敬业，学生忍受不了，就会“跑”光，这是最糟糕的结局。那么，学校和教师到底应该怎么做呢？

我认为学校和教师对体艺专业的学生的教学应注意以下几个方面。

（1）学校必须高度重视体艺专业学生的训练和文化课学习，做好后勤保障。

（2）在高一时鼓励学生参加兴趣小组活动，培养兴趣，发现学生的特长。

（3）在高二时根据高一兴趣小组开展情况，把学生分成普通班（专门

学习文化课)、美术班、音乐班、体育班等进行教学，或者还可以进一步细分。

(4) 广纳体艺人才，打造一支高水平的教师队伍，必要时可以外聘专业教师对本校师生进行辅导、训练。

(5) 高二后，各专业班要制订科学的专业训练计划，开展专业训练研讨活动，提高专业训练效率，发挥专业教师团队优势，让学生能学各位专业教师所长，教学效果自然会有成效。

(6) 学校应针对体艺考生文化课成绩偏低的特点，加强体艺考生的基础知识教育，即要求体艺考生弄懂教材中的必修课就可以了，这样文化课的教学内容少，目标也明确。普通班没有了这些体艺考生的影响，也能全心全意地学习功课。

# 衡短论长

## ——老学校与新建校优劣之比较

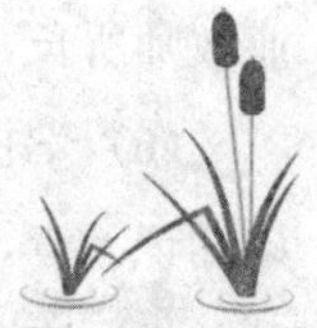

昨晚通宵加班，与环城初中、环县四中的领导分编初一学生。环县四中、环县五中是新学校，环城初中是建校已有30年的老学校，是独立初中。在人们的认识中，老学校具有较深的文化底蕴和经验丰富的教师，因此，为了孩子初中三年后能考入重点高中，许多家长托朋友找关系想把孩子留在环城初中。为了确保公平，我们在开展工作过程中，采取按成绩分班，再采取单、双号抽签的方式把学生分成两大块，环城初中一块，环县四中、环县五中一块。最后再采取同样的办法又分出环县四中、环县五中的学生。这样做的目的是为了使各校的学生成绩能基本保持同一水平，缩小差距，体现公平性。学生分好后，再解决一些遗留问题，把要求上环城初中的、环县四中的、环县五中的学生进行对等调换。这个工作量相对较大，最后还是有一部分要求上环城初中的学生因为成绩不能调换。由于是对等调换，所以各所学校学生的情况基本上还是一样的。

第二天，个别想到而没能到环城初中上学的学生的家长又托人找我，希望我能满足他们的愿望。我又给他们做工作，解释半天，很累！正在此时，中考成绩公布了，这又成为一个焦点。

我县现有四所高中，其中环县一中是市重点高中，环县二中、环县四中属于普通高中，但环县四中拥有地处县城的地理优势。而我们环县五中是一所新建学校，今年才招收第一届高中学生。新学校困难重重，最大的困难就是家长的不理解。

家长首先考虑的是教师问题。没有教师，如何能保证教学？其次是管理问题，新学校管理班子才组建，还没有形成合力，缺乏积淀，如何能搞好教育？这两个问题给我们的工作造成了很大的被动。虽然在中考报名时我校派人分头到各学校做了宣传，但中考成绩及报考情况还是令人失望：上环县一中录取线而报考环县二中的考生有 37 人，环县四中 82 人，我校只有 7 人；成绩上 600 分报考环县二中的考生有 157 人，环县四中 384 人，我校只有 51 人。学生、家长对我们这所新办学校的不信任可见一斑。

其实，出现这种现象完全符合事物的发展规律，市委、市政府斥资上亿元打造的庆阳六中不也因招不到学生而数度尴尬吗？然而，新生事物也有它的优势。谁能保证一个新事物不会后来者居上呢？我认为环县五中就有很多发展优势。

第一，环县五中高标准的基础设施建设在全县堪称一流。学校规划用地 5 万多平方米，现已建成面积为 5700 多平方米的青少年实验活动中心楼一幢，内有物理、化学、生物实验室各 3 个，计算机教室 2 个，还有科技室、活动室、舞蹈室、合唱室、钢琴室、画室、书法室、图书室、阅览室等；面积为 7600 多平方米，能容纳 66 个教室、三面皆是黑板且装有多媒体教学设备的教学楼和面积为 5000 平方米的办公楼即将竣工；学生公寓楼已经封顶，校园附属工程正在施工，师生餐饮中心正在规划之中。

第二，高起点的教师队伍堪当重任。环县五中建校之初，县教育局非常重视学校师资的配备。2010 年首次选调的 33 名教师都是各初中学校的业务骨干、学科精英，有些教师多次获评市、县优秀教师，有些教师所带学科会考成绩名列前茅。2011 年，庆阳市人事局、教育局专门从西北师范大学招聘了 20 名优秀毕业生来校任教，同时还通过考试的方式从基层中学选调一部分优秀教师来校任教。从中我们可以看出，政府对环县五中是非常关心和支持的。同时，环县五中已经制订出了一套科学的教师培养方案，在这一方案的引领下，新分配的大学生会很快成长起来，选调的骨干教师的业务能力也会更上一层楼。

第三，科学的管理理念堪称先进。经过建校一年的摸索、思考、实践，环县五中的领导班子形成了推行高效课堂，全方位调动学生的学习积极性、主动性的教学管理思路。这一思路符合当代教育改革的大环境，也符合我市的教育精神，更符合学生的成长规律。本学期，学校还组织教师两次赴庆阳市西峰区的课改示范学校齐家楼初中、庆阳四中观摩学习，聘请甘肃省资深语文教学论专家、甘肃省教育学会中学语文专业委员会常务理事、学术委员、天水师范学院专门研究基础教育语文课程与教学的郭治锋副教授来校指导教师教学，并现场示范，取得了较大反响。学校还组织教师撰写考察报告、课改心得、教学反思、教育随笔，召开了三次大型课改研讨会。这些举措使教师工作、学习的兴趣越来越浓厚，激情高涨。今后我们还将继续强化这些举措，组织教师到山东、江苏一些课改示范学校学习，我们还将聘请专家作为学校的顾问，并与更多的大学建立合作伙伴关系，达到资源共享。

在班级管理中，学校推行“班级民主、学生自主”的管理模式，通过班干部竞选、小组竞争、值周检查、班级事务承担等活动，培养学生的责任意识、合作意识、服务意识、集体意识、大局意识和团队精神，锻炼学生的沟通能力。这种管理模式实施以来，效果明显，班风健康，学生自律意识和服务意识明显增强。

第四，具有浓厚的学习氛围。过去讲“给学生一杯水，教师要有一桶水”，现在的观点是“给学生一杯水，教师要有一眼长流水”。这“长流水”就要求教师不断学习。环县五中要求领导、教师与学生共同学习，每个教师都有自己的学习计划，学校也有总体的学习方案。校长带头学习，把一些先进的可供参考的学习资料上传共享群，供教师学习，其他领导、教师也效仿此法，学校的QQ群也变成了大家学习交流的平台。这一学习氛围的形成，极大地改变了教师的工作、生活状态。教师以学习为快乐，以进步为快乐。有些教师称，在环县五中工作一年的收获，胜过在基层工作数年的收获。

环县五中是新建学校，没有一些条条框框和老“问题”的制约，这给学校的发展带来很多机遇，上述的四条优势就源于一个字：新。所以，老学校固然好，但新学校也有自己的优势。我深信，在学校领导的带领下，在全体教职工的共同努力下，环县五中很快会在环县教育界中凸显出来，成为陇东杏坛中的一朵奇葩。

# 改善教育生态，还教育以本真

## ——新生态教育之我见

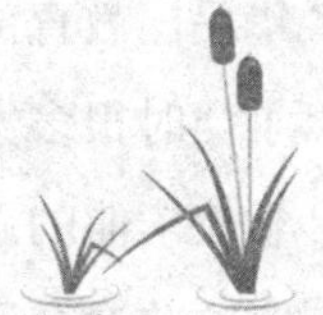

国家要强大，根本在教育，这个观点已经成为全国民众的共识。国家行政部门和一些有识之士认识到当今教育之弊端，也力求变革，然而，长久的应试教育形成的教育模式在人们心中根深蒂固，教育改革阻力重重，困难很大。虽然如此，中国近几年的教育改革还是初显成效，并且形成了各种流派和模式。我作为学校的一名管理者，无形中也卷入了这场教育改革的洪流之中，兹将践行的新生态教育与诸位同人分享，祈求批评指正。

### 一、中国教育概述

两千多年前，孔子创办私学，开创了中国平民教育的先河。孔子提出“有教无类”，即所有的人都可以接受教育，并主张要“因材施教”。从《论语》一书中，我们可以窥测孔子的“因材施教”法：每当有人投到他的门下学习，孔子首先要做学情调查，问此人的理想、特长及读过的书，然后根据此人的实际情况制订学习计划，并一步步帮助其实施。孔子对不同的人采取不同的教育方法。孔子的这种教育理念无疑是科学的，是符合人的发展规律的，因此千百年来被人们传承和称颂。

在科举制度时代，统治阶级为了自己的统治目的，不断改变、强化教育内容和形式，严重束缚了教育的发展，一度使中国的教育陷入“死胡同”。

19 世纪末 20 世纪初，辛亥革命元老、中国现代教育的奠基人何子渊、丘逢甲等开风气之先，排除顽固势力的干扰，成功创办新式学校。随后清政府迫于形势压力，对教育进行了一系列改革，于 1905 年末颁布新学制，废除科举制，并在全国范围内推广新式学堂，西学逐渐成为学校教育的主要内容。

中华民国成立后，孙中山主张在中国实行免费义务教育。1912 年，中华民国教育部明确规定初小、师范、高等师范免收学费。免费上师范就成了当时很多家境贫穷的学生接受教育的唯一途径，毛泽东就是从湖南师范学校毕业的。从电视剧《少年毛泽东》中可以看出，那个时期的教育与国家的前途命运联系紧密，学生社会实践的机会非常多，所以在那个时期，进过学堂的人后来几乎都成长为各方面的重要人士。民国时期影响比较大的教育家有晏阳初、蔡元培、张伯苓、陈鹤琴、陶行知等。晏阳初一生倡导“识字、生计、文艺、卫生、公民”诸教育以治旧中国的“贫、愚、弱、私”四大痼疾。蔡元培以南京临时政府教育总长的角色提出国民教育、实利主义教育、公民道德教育、世界观教育和美学教育“五育并举”的教育方针。1917 年蔡元培任北京大学校长时，对北京大学实行全面改革，提倡学术自由、兼容并包。张伯苓在天津先后创办南开中学与南开大学，以后又建立南开女中、南开小学以及重庆南开中学，担任校长 40 余年。他常说，学生不单是要从书本上得到学问，并且还要参加课外活动，从这里得来的知识和学问，比书本上好得多。陈鹤琴从研究儿童心理入手，以自己的子女为研究对象进行了三年的观察实验，记录儿童身心发展的特点，归纳出 101 条家庭教育原则。他建立起我国第一个由专科部、师范部、小学部、幼稚部、婴儿园五部分构成的比较完整的幼儿师范教育体系，开创了我国儿童教育事业。陶行知一生办过各种类型的学校，这些学校为社会培育了大批有用的人才，还输送了不少革命青年到延安和大别山抗日根据地参加革命。他宣传生活教育，提倡“教学做合一”及“小先生制”，要求教育与实践结合，为人民大众服务，提出了“生活即教育”“社会即学校”“教学做合一”三大主张，这三大主张与孔子的教育观有许多相似之处，成为中国当代教育的典范。

新中国成立后，国家推行苏联的共产主义教育模式，后又因为各种原因而批评苏联的教育模式，使教育一度出现了混乱的情况，这种情况一直延续到“文革”结束。十一届三中全会吹起改革开放之风，中国的教育也迎来了春天，教育主管部门进行了许多有益的改革实验，总结了不少宝贵经验。但是从20世纪90年代开始，大学出现合并、扩招，抓发展，中小学教育在高考指挥棒下一切“唯分数”论，致使中国的教育生态严重恶化。

## 二、教育生态恶化的具体表现

1. 教育评价方面

高考制度恢复不久，衡量一所学校的优劣就看有多少学生能考上大学。后来，教育主管部门、家长、学生乃至整个社会舆论都把升学率作为一所学校办学好坏的唯一标准。人们关心的是一所学校每年能考上多少高中生，多少大学生，对于其他方面，如学生的心理健康、身体素质、沟通能力、担当意识、责任意识等，大家都觉得无关紧要，基本避而不谈。在高中、大学录取学生时，学校虽然也会关注学生的身体素质等方面，但由于没有统一的尺度，学校以不影响学生录取、不得罪家长为原则，均填合格。于是就出现了，在大学里有部分学生因无法适应新环境，无法应对各种变化，而导致自杀事件屡见报端；大学毕业后，有一部分学生在社会上无法自立，就蜗居家中，“啃老”者屡见不鲜。

2. 学校管理方面

考什么教什么，这是各校不成文的规则。近两年，国家推行三级课程建设，可地方课程和校本课程是徒有虚名，发挥不了作用，多数学校只是在上级检查时应付一下。教材的内容很有限，学生获取知识的途径狭窄而单一，而那些有利于提高学生学习能力、品德修养、生活能力的课程则被学校视为“副课”或“无用之课”，因为高考不考这些，教这方面的内容会耗费学生的时间。比如，艺术课在基础教育中是被忽视的课程，有些学校课表上有，实际不上，即使上，学校也没有准备相应的设备，只是应付而已。但在实际生活中，艺术教育与人的思想、修养和生活有密切的关系，远远比外语及数理化重要得多。

3. 教师教学方面

教师剥夺学生的学习时间，在课堂上大讲特讲，许多学生在课堂上昏昏欲睡，教师也熟视无睹，只是一门心思完成自己的教学任务就万事大吉。学生作业不会做，为免受惩罚就搞抄袭，结果养成了弄虚作假、阳奉阴违的坏毛病。题海战术，使学生应接不暇，超负荷学习，没时间休息，影响了身体的健康。教师力求用相同的教材把不同的学生打造成同一模式的人。

4. 学生学习方面

学生以教材为本，以教师的讲授为本，知识获取渠道狭窄，许多爱好、兴趣都无法发展。学生学习方法单一，除了认真听教师讲就是做习题，没有自己的思考，创造性思维训练无从谈起。

教育生态的恶化，违背了人的发展规律和认知规律。单一的“高分”目标使教育与生活脱离、与社会脱离，这就是许多外国人讥讽的中国式“高分低能”。

当代社会是个迅速发展的社会，党的十八届三中全会主题鲜明地提出要推进各项改革事业的深入发展，教育当然也不例外。

## 三、新生态教育的提出

“生态”二字是近几年的时髦词，既然是时髦词，就说明有它存在的合理性。就我的理解，“生”应理解为生存、存在；“态”应理解为状态、形态。“生态”就是指某一事物按照自身规律应该存在的状态。我查了许多资料，也没有搞清楚“新生态教育”一词是谁最先提出的，但在 2013 年 9 月的全国第七届“校长公益培训”大会上，《中国教师报》全国教师培训基地主任、全国高效课堂培训者联盟秘书长、育中方略联合创始人陈立大张旗鼓地倡导新生态教育，大有与朱永新倡导的新教育抗衡之势。她为何如此痴迷新生态教育？我无缘与她细聊，也无法知道她的想法，只是凭多年对教育的认识，妄加理解。

“新”是相对于“旧”而言的。有“新生态教育”，那么“旧生态教育”

指的是什么呢？截至目前，还从未见到“旧生态教育”的字样。我以为，“新生态教育”是针对“原生态教育”提出的。什么是“原生态教育”？孔子倡导的“因材施教”就是，陶行知主张的“生活即教育”“社会即学校”“教学做合一”就是。孔子与陶行知虽相隔两千多年，但他们对教育的理解和认识是有许多相同点的，他们所倡导的教育符合人的成长规律和认知规律，也符合教育的功能。人接受教育是为了明理和掌握技能，更好地为自己、为他人服务。如果把教育真空化、孤立化，为教育而教育，教育就失去了它的意义。

近几年，部分大学生毕业后“赋闲”在家，没有能力找工作，成为家长的心病和社会的负担，这难道不是教育的失败吗？我想，有识之士是有感于当代教育秩序的混乱，有感于当代教育的狭隘与偏执，有感于当代教育的脱离实际而积极响应并践行着这样一种全新的教育。

### 四、新生态教育的特征

环县五中从2011年开始尝试新课程改革，后来有缘与《中国教师报》全国教师培训基地的专家相识，加盟新生态教育，成为首批实践学校之一。在实际操作过程中，我不断地进行思考，并加以理性的分析，认为新生态教育在施教的过程中注重多种形式，多元发展，产生了多样效果。

1. 学生主体，学情主导，教师助推

教师讲，学生听，下课之后做习题，这是应试教育背景下普遍采用的课堂教学形式。教师与学生之间的关系是教师主导，教师是课堂的主角，学生是被动的，学习内容被教师提前预设，学习时间被教师占用，教师“一厢情愿”地重复着教材上的内容。而在当前形势下，学生获取知识的途径很多，电视、电脑、图书、相互交流等，教材上的知识太单一，有些教材上的内容学生早已熟悉，教师再做无味的讲解只能耗费学生的时间，增加学生的反感情绪。新生态教育理顺了学生、教师的关系，凸显了把握学情的重要性。在应试教育背景下，学情被淡化了，有些教师口头上念叨学情，实际上却没有考虑。因为考虑学情，就要调查，就要分层次教学，就要因材施教，这样做太麻烦，工作量太大，所以只能选择“多快好省”的“盒饭式”教学。

在课堂上，学生应该是主角。学习内容的设置、学习过程的推进、学习方式的选择完全取决于学生，这就是学生主体。而在过去的课堂上，教师是主体，课堂上从始至终都是教师说了算，教师是演员。新生态的课堂，学生是演员加导演，教师由演员变成导演和剧务了。学生要演好每台戏，就要熟悉剧本，体会剧中角色的情感变化及传递给观众的效果，也就会主动地研究剧本。这看起来关系不大，其实在实际的课堂上却是革命性的变化。

“知己知彼，百战不殆。”打仗如此，教师导学更是如此。教师要对一个班级的学生进行学情调查，了解每个学生对本课程的掌握情况，了解每个学生的性格特点、学习能力及兴趣爱好，然后分类，帮助不同类型的学生制订不同的学习计划和步骤，这样才能增加学习的实效性，这是教师设计导学方案的基础。有了详细的学情调查，教师就能明确每个学生缺什么，能学什么，然后才能指导他们接受不同的学习任务，这就是学情主导。这样做可以避免吃“大锅饭”，避免教学的盲目性，也可以避免出现学生抄作业的现象。其实，学生抄作业，不只是学生的错，教师也要反思学生为什么要抄作业。学生抄作业的一个很大原因，就是教师分配的学习任务学生没有能力完成而不得已为之。

我针对不同层次的学生和教师做过调查：教师应该教给学生什么？答案是一致的：教给学生学习的方法，解答学生不会的问题。这与韩愈说的“师者，所以传道授业解惑也”有相同之处。所以，新生态教育把教师的职责定位为“助推”。学生在学习过程中遇到障碍、困惑，苦无良方时，教师要帮学生一把，这就是教师的角色。在学生学习的过程中，教师由前台走到了幕后，这就是新生态教育的特色。这里要明确一个概念——“导学”。应试教育称“教学”以突出教师的地位，新生态教育称“导学”以淡化教师的作用，因为教学的目的是为了让学生学会，重在结果，这与“教师助推”是一致的。

2. 超越教材，联系时政，瞄准全球

在应试教育中，教师往往紧扣教材，不敢越教材一步。考什么教什么，也决定了教师只能这么做。然而，随着近几年新课程改革在全国的推广，试题由考查有标准答案的死知识渐渐向考查综合能力过渡。这一变革，反而导致一些教师一下子不知道该怎么教了。按照目前国家的教材建设思路，国家统编教材、地方教材（省市级）、校本教材要三级联动。在施教过程中，教师在统编教材上下功夫最多，其他两类教材几乎可以忽略不计。因为地方教材、校本教材的内容不考，与学生升学无关，致使这两类教材形同虚设。但是新生态教育认为，学生的培养目标不能单纯地瞄准高考，而要着眼于人的全面发展，着眼于中国人的全面发展，着眼于塑造世界最优秀的人的全面发展，统编教材是不能满足学生的全面发展需要的。

在甘肃环县五中七年级“君主集权的强化”这节历史课上，40分钟的时间，学生用20分钟就完成了课标要求的学习任务，剩下的20分钟，学生就“清军入关是好事还是坏事”展开了激烈辩论。从辩论的过程看，学生涉猎的知识远远超出了教材的范围。再如，语文课上要介绍作者，教材本身已做了提示，按理说，学生只要了解一下就行了。但是在新生态的课堂上，学生会把作者简介设计成一个情景剧，搜集许多与作者有关的资料，并惟妙惟肖地表演出来。有一篇课文《陋室铭》，解析完课文后，教师让学生仿写铭文，结果学生写出了《老师铭》《学生铭》《班级铭》《学校铭》

等，这些学生的学习途径和创作范围也超出了教材。在高科技发展的今天，学生获取知识、信息的渠道很多，课本上的知识只是很小的一部分。新生态的教育方式促使学生在研习教材的同时，涉猎许多教材以外的知识，这样的课堂才是丰富而有效的课堂。

教材是相对静止的，更新较慢，而社会的发展变化是异常迅速的，关心国家大事，关心人民生活，关注社会变化应该是学生学习的重点内容之一。民国时期的教育针对性很强，许多学生都与周恩来一样，“为中华之崛起而读书”，把国家的命运与自己的学习紧密联系在一起，这样学习起来就有了动力。而今天正好相反，许多学校就教材教教材，把学生关在围墙里，教学内容与社会脱节。河北挥公实验中学对应试教育发起挑战，学校每周每个年级设有时政论坛，让学生畅谈国家大事；每天晚上的《新闻联播》都会组织学生收看。《新闻联播》是学生了解国内外大事的窗口，时政论坛可以提升学生的价值取向。仔细分析，目前高考中的许多题会考查学生的价值取向、分析能力，这种素质需要引导，从教材上是学不来的。

与时政联系，可以培养学生的理想。学生可以成为实业家，可以成为科学家、政治家……新生态教育做到河北挥公实验中学那样是不够的。学校按年级还可以成立各种小组，这些小组包括时政、科技、文学、艺术、体育等，可以涵盖社会的方方面面。学校提供相应的活动场所、学生获取信息的工具以及学生探索研究的必要设备，教师引导学生按自己的兴趣进行探索。正像种子只要有土壤、水分和适当的温度就能茁壮生长一样，学生就是待发芽、待生长的种子，学校、教师只要给他们提供足够的水分、合适的温度和一个展示、发展的平台，他们就会自然成长。世界是个大家庭，人们的视野已不仅仅局限在本地、本国，学生的好奇心使得他们更愿意探索未知的世界，所以，我们虽然从事的是基础教育工作，但我们的眼界、境界一定要大，要有大教育的观念，要引导学生胸怀天下，放眼世界，要尽可能地创造条件让学生了解课本以外的信息，要尽可能地让学生认识自己生存的环境和未来的发展空间。

知识都是相互联系的，学生对某一知识点产生兴趣，就有可能会对许多相关的内容产生兴趣，统编教材的内容已经不够他们了解、探索了。新

生态教育其实就是通过学习内容的丰富和“有意思”来激发学生的学习兴趣，激发学生蕴藏的巨大潜能。

3. 快乐学习，激情展示，智慧课堂

凡是有学生的地方就是课堂，学生的学习不应受时间和地点的限制，教室只是学生学习的场所之一。学习场所的变换能避免学生产生视觉疲劳，可以激发学生的学习兴趣。新生态教育的课堂是动态的课堂，教师不是固定在讲台上，学生不是固定在座位上，所以就不会出现教师讲得口干舌燥、学生听得昏昏欲睡的场面。学生通过学习获取了知识和技能，有了成就感，就能产生快乐，或者学生受到教师、同学的认可、表扬、鼓励，也可产生快乐。有了快乐，就有了动力，学习就能可持续性发展。

新生态教育要求每个学生都要参与到学习过程中，每个学生都要展示自己的成果和困惑，展示的形式可以是板书，可以是语言表述，可以是文艺形式，可以一个人展示，也可以几个人展示，这给每个学生都提供了锻炼的机会。

这些展示既增加了课堂的趣味性，也增加了学习的乐趣，更是学生思想、智慧的大碰撞。

应试教育的课堂是单调的、呆板的、死气沉沉的。课堂上只有教师滔滔不绝的声音以及学生偶尔的附和声，学生通常各干各的事。新生态教育的课堂，学生间的互动多，学生间知识的传递快。观察学生平时的学习状

态我们会发现，其实学生之间相互学习的意识是很强的，如电脑游戏，没有教师专门教，只要班级中有一人会，他周围的同学马上都会了。而实际上，这种学生间的互动通常会被教师限制，因为这不是“学习内容”。我们教师为什么不能对学生的这种互动学习的意识加以引导，用在学生的学业上呢？新生态教育的课堂就抓住了学生的这种性格特点，对学、群学就是学生间的相互交流，交流的过程就是学生知识分享的过程，这比学生单纯地分享教师的知识要有用得多。

4. 提升教师，塑造学生，发展学校

新生态教育对教师的要求比较高，要求教师不仅仅要熟悉教材。当

然，熟悉教材是必须的，如果一个教师连教材都“吃不透”，在专业上就不能算称职。新生态教育要求教师首先要具备调查研究的能力，调查学情，研究学生，制订学习方案。过去有一本教案上几年的说法，教材还是那本教材，教师还是那位教师，教案还是那本教案，方法还是那个方法。但现在不一样了，学情主导，学生主体，教师对学情研究得越深越透，对学生的困惑才能越了解。学生在学习过程中会提出很多问题，这些问题是教材上没有的，也没有答案可供参考，这就要求教师要具备应变能力。“把老师挂在了黑板上”是以前人们常说的一句话，言下之意就是教师专业不行，丢人。新生态的课堂中，教师不知道的问题很多，关键看教师如何引导学生去探究这些问题。学生在不断地接受新知识，教师也应不断地学习新知识。只有师生共同学习，教师才能适应学生的发展。新生态教育中的教师还应具备学习现代新科技的能力，任何新产品出现，教师首先应该会用，然后才能引导学生。写作能力、宣讲能力、组织能力、管理能力、策划能力，教师都应该具备。从这个意义上讲，教师应该是个全才、通才。这些能力，以前的教师可能都没有。倡导新生态教育的学校，应把教师发展作为首要任务来抓，通过各种途径改变、提升教师的教学理念、教学态度以及教学能力等。环县五中作为一所新建学校，一边建校一边招生，一边教学一边培训教师，老教师没有成熟，新教师又加入了。即使这样，学校仍坚持“请进来，走出去”的策略，赴课改名校取经，请专家上门“会诊”，引导教师写反思、办论坛、编成果，会诊课、调研课、研究课、交流课、过关课、展示课反复锤炼，使教师在短时期内得到了很大发展。

教师发展了，学生肯定能随着发展。班级民主、学生自主管理使学生的能力得到很大提升；质疑、评价、展示、板书、纠错，使学生变得自信、大胆了；学习任务、学习目标的明确，独学、对学、群学、探究、交流、盘点，使学生掌握了科学的学习方法；课堂情境导入、即兴创作使学生的想象力、创造力大大增强；各种才艺活动的开展使学生的兴趣和特长得到提升，各种教学活动的实施使学生的能力得到全面发展。而这些是应试教育所不具备的。

教师与学生都发展了，学校肯定要发展。或者说，教师、学生、学校是同时发展的。倡导新生态教育的学校不再是几个教师几间房，几套桌凳几个娃，它要为教师、学生的发展提供许多平台，它是社会的浓缩、科研的浓缩、体育艺术的浓缩，它是最具有魅力、最让学生留恋的地方。

5. 培养素质，锻炼能力，提高分数

素质教育提了很多年，教育还被应试教育“绑架”，学生还是单一发展。新生态教育理念主张通过课程、学习活动、学习环境等各个方面促使学生提升能力和素质。因为学生是学习的主体，这个“主体”把学生推到了前台，学校所有的活动都是围绕这个“主体”产生的。“主体”要预习，要展示，要质疑，要评价，要组织活动，要参与管理，学生每天在实践，在总结，在提升，其担当意识、责任意识、合作意识无形中得到培养，其沟通能力、应变能力、演讲能力也得到提高。同时，学生的心理素质也得到了锻炼。课改学校的学生有激情，有活力，有胆量，敢于讲课，敢于在公众面前发表自己的观点，这是心理素质过硬的表现，也是自信的表现。

学生具备了这么多的素质与能力，接受的知识肯定不会少，考高分应该不是问题。没有分数应付不了眼前，没有能力对付不了将来。在中国目前的教育体制下，教育绝对不考虑分数是行不通的。新生态教育不是否定应试教育，而是丰富应试教育的内涵，使学生既能考高分，又提高了能力和素质。当然，这高分不是硬逼着学生得来的，这许多能力也不是强加给学生的，而是遵循了学生的发展规律和教育的发展规律，采用科学的方法，创设学生发展的平台，让学生在学习过程中逐渐形成的。

## 五、新生态教育的操作

新生态教育与应试教育相比，优越性是显而易见的，但在真正实施时，还需要一些具体的操作指导。

1. 理念是先导

一个人的意识形态支配着他的行为方式。校长的办学理念如何，是实施新生态教育的前提条件。校长如果认同这一新的教育理念，就会主动想

办法改变他的团队，培养他的干将。校长有了理念后，要想办法把它传递给自己的助手和自己的队伍，可以采取行政命令的办法让他人学习相关的理论，也可以通过感性引导的方式使他人认识到课改的优越性，也可以通过谈心的方式进行沟通，达到思想上的一致，也可以身体力行，率先示范，以自己的行动感染自己的队员，“迫使”他们改变观念。

2. 团队是关键

实施新生态教育靠校长一个人是不行的，校长必须打造一支理念先进、素质过硬、充满活力的团队。这个团队包括中层管理者和教师，具体地说，包括行政部门发文任命的领导、年级主任、教研组长和普通教师。这些人员对教育的理解可能会有差异，但对于大多数校长来说，是没有选择权利的（教师的调配由主管局实施）。面对这种现状，校长要逐步进行攻关。首先在领导层中寻找与自己理念接近的人建立自己的“同盟军”，再在教师中选择与自己理念接近、对教育执着且具有创新思维的人担任年级主任、教研组长，组成一个新教育核心团队，负责起草、制订课改的实施方案和操作步骤，并身体力行，率先垂范，引领其他教师实施。当然，要做到这一点，需要一个过程，核心团队的人需要不断地学习，需要不断地超越自我，其他教师也一样。

环县五中采取以下途径逐渐创建了一个强大的课改团队。

（1）现场感受。学校先后组织教师到课改名校庆阳西峰齐家楼初中、山东杜郎口中学、江苏昆山前景教育集团、陕西宜川中学、山东昌乐二中、河北挥公实验中学去观摩，感受课改的氛围，尝试运用相关教学方法。

（2）大胆尝试。每外出学习一次，回校后马上组织教师结合本校实际进行尝试，把带回来的经验消化吸收并付诸实践。

（3）反思总结。教师们在实施的过程中难免会遇到困惑，我校引导他们通过反思交流、论坛研讨、观课评课、年级互动、学科借鉴等方式进行自我完善。

（4）专题培训。与《中国教师报》全国教师培训基地达成合作协议，邀请全国一流的专家到学校会诊、指导、解惑，为学校指明前进的方向。

（5）活动促进。开展校本体验式培训，使教师、小组长快速成长；以课堂大赛激发教师的参与热情和上进心；以县域活动（如课改现场会）规范课改行为，点燃教师的激情；以网站交流提升教师的课改思想和写作能力……

3. 思路是出路

在课改初期，大家都很迷茫。等待、观望、裹足不前肯定不行，只有亲身尝试才能感受到课改的魅力。没有问题是不正常的，对暴露出的问题不要回避，不要气馁，要进行研究，进行分析，找准问题的根源，制订解决问题的办法，这才是科学的工作方法。比如，环县五中在推行课改之初，就遇到了这样的难题：部分班主任抱怨科任教师教学时不激发学生的兴趣，自己顾不过来；部分教师抱怨学生基础差，能力弱，课堂教学无法顺利进行，或是学生不听话，班主任不管，自己无法调动学生学习的积极性，等等。教师不相信学生，无法带动学生，遇到问题教师间也出现互相推诿的现象，总之，困难重重，课改无法进行。学校领导深入课堂后发现，同样一个班的学生，在某个教师的课堂上表现积极，而在另一个教师的课堂上情绪低落，这说明问题是出在教师身上，提意见、讲困难的教师都是在为自己开脱。于是学校开了一次会诊课，要求同一个班级、同一个学科的教师共同观课，观察学生，也观察教师，思考为什么都是同样的学生，别的教师能够激发学生的兴趣而自己不能，为什么同样的课堂别人上得很精彩，自己就不行。实践证明，这种方法解决了教师的教学问题，课堂教学改革得以顺利推进。再比如，学生不会展示，不会参与学习，可以通过看光碟，举办板书、演讲等与学生课堂表现相关的活动增强学生的自信与能力。此外，学校的一些教师也研究激发、唤醒学生激情的方法，不断尝试，不断总结，不断推广，最终形成了一套策略。如果我们瞻前顾后，患得患失，一有问题就撂挑子，一遇困难就丧失信心，课改就无法进行下去。作为课改的策划者、设计者，要理清思路，以校情、学情、师情为本，以遵循教育规律为原则，制订出相应的措施，这样才能使课改一步步地走出困境，走出迷茫，迎来灿烂的阳光。

4. 技术是生命

技术很实用，没有一定的技术，许多过程就无法完成。在课改初期，

新生态教育对技术也有着同样的要求。比如，导学案的编写需要一定的技术，否则，导学思路不清，任务不明；课堂流程也需要科学的技术做指导，否则，课堂没有章法，顾此失彼，缺乏实效性；小组建设需要技术指导，否则，课堂上学生不知如何学习，如何交流，如何展示……作为课改一线的操作者——科任教师必须熟练掌握各方面的教育技术，把新生态教育的理念与任务落到实处。可以说，技术是课改的生命。

环县五中是按照以下方法指导教师的操作技术的。

(1) 导学案。导学案被称作课堂教学的路线图，它是教师导学的依据、学生学习的蓝图。设计科学合理的导学案不是一件简单的事。刚开始，学校的教师把教案进行移植，后来又弄成了练习题。鉴于这种情况，学校引导教师参考课改名校的导学案，聆听课改名家的秘方，才使他们逐渐形成了自己的编写程序和特点。

第一步，根据学习内容，同学科组的教师在研究教材的基础上编写出导学案的提纲，由某一位教师综合大家的意见执笔写出导学案。

第二步，执笔教师将导学案发给大家，征求意见后再进行修改。

第三步，印发导学案，交给科任教师，大家根据学情进行二次加工后施教。

第四步，结合课堂实施情况对导学案进行完善，写出教学反思后存档。

导学案重点强调每个科任教师结合自己的服务对象进行二次加工和撰写课后反思，要求一名教师在不同的班级上课，导学案的侧重点也要进行微调。课后反思是对导学案设计、学情及教师本人指导方法的理性思考，目的是放大亮点，纠正失误，对教师教学能力的提升非常有效。

(2) 课堂流程。学校目前采取的是“五步三查”课堂流程，它是教师导学、学生学习的抓手。落实“五步三查”的前提是必须设计好导学案，让学生认同学习任务和学习目标。

第一步，独学。学生根据导学案并结合学习任务与目标独立学习，这一步类似于以前的预习。独学要求学生使用红、蓝双色笔，自己会的知识用蓝笔标注，不会的知识用红笔标注。

第二步，对学、群学。在独学的基础上，学生个体把不懂的知识提出来，先与帮扶对子探讨交流，再与小组成员进行交流，这是一个小范围的知识共享过程。这一步可以解决许多学生个体无法解决的知识困惑，这也就是所谓的“兵教兵”。

第三步，组内小展示。这是一个阶段性小结的过程，学生把会的知识放在一边，把不会的罗列出来由小组代表展示（板书）在本组的版面上，准备在下一阶段寻求解决。

第四步，班内大展示。各组展示的问题可能有共性，有时候也有一些“奇思妙想”题。这个环节分为两个步骤，首先由各组的学生代表交叉解答每个组展示的问题，当所有学生无法解答时再由教师帮助学生解答。这是个递进的学习过程，也是树立教师权威、展示教师能力的过程。这个环节是课堂中最精彩的部分，是高潮。

第五步，梳理知识，达标测评。这是对本节课（学习阶段）的收获、困惑进行整理的环节，目的是为了进一步解决问题。通过小测试检测学情，总结经验，这是学生要做的主要工作。

“三查”的目的是为了使课堂实效化，主要由教师完成。一查：在独学阶段，主要查学生对学习任务和学习目标是否明确。二查：在组内小展示阶段，主要查各组学生对问题的过滤是否全面、准确。三查：在最后一个环节，主要通过小测验对学生的学习效果进行考查。这个环节的后续工作要结合学生的学习效果来进行，分析找出教学成功与失败的原因，以便在下一次课堂操作中加以放大或改进。

“五步三查”不仅仅是一个教学流程，更是一种科学的学习方法。刚开始，管理者要指导教师、学生熟练操作，熟练之后就可以灵活运用。它可以在一个教学环节中运用，如解答一个小问题，也可以在一个教学单元中运用；它可以用在一节课上，也可以几节课综合运用。总之，不要僵化，不要理解为每节课都必须套用这个模式。

（3）管理评价。这是课改顺利实施的主要手段之一，它对教师的工作、学生的课堂表现有很强的引导作用。评价的原则是需要什么就评什么，通过评价激发、规范教师和学生的操作。比如，教师在上课时没有按照“五步三查”的课堂流程进行，就评价他的课堂流程；学生不会展示、展示站

位不正确，就评价教师指导学生展示的细节；有些教师课堂组织能力弱，就评价教师的课堂组织管理能力。再比如，学生胆小，不敢发言，就评价学生的展示能力；学生板书写得不好，就评价学生的板书；学生不敢质疑，就评价学生的质疑问题；小组合作情况不好，就评价小组合作。实践证明，这是非常有效的课堂教学促进手段。

（4）小组建设。按照“组间同质，组内异质”的原则把一个班级的学生分成若干个学习小组；按照“人人有事干”的原则，并结合每个组员的特长对其委以重任，建立领导机构，制订组名、组规、口号、奋斗目标等纲领。由教师对各类成员进行培训，明确自己的职责。在长期的工作过程中，教师要指导每个小组逐渐形成自己的组魂、组风。小组是学生学习生活的最小单位，要有凝聚力、上进心、竞争力。小组建设的难点是总有一些学生进入不了状态，不能按照小组的要求完成任务，或者找茬、搞分化，这是让教师感到棘手的事情。对于这些学生，教师要耐心细致地做工作，直到他们认同这种方法为止。

（5）文化建设。课改文化引领着全校师生的发展，彰显着巨大的精神力量，它一般包括显性文化和隐性文化两个方面。班级、小组、教室、楼道、校园内能够看得见的标语、橱窗属于显性文化，学风、教风、领导工作作风等属于隐性文化。隐性文化看不见，却可以感受到，具有强大的感召力。环县五中的班级文化、小组文化围绕班级建设、小组建设进行，旨

在加强班级、小组的凝聚力以及学生的上进心和自主意识。楼道文化以展示学生的才艺为出发点，让学生把自己的所思、所见、所想通过写、画等方式表现出来，既可以与别人分享，又可以美化楼道环境。学校在学风上注重点燃学生的学习激情，在教风上也注重点燃教师的激情，提升教师的业务能力与教学境界。在领导工作作风方面，我们坚持领导率先垂范，身体力行，为教师做出榜样。如在听课和评课方面，校长、主任经常深入课堂，一线会诊；在教师撰写教学反思方面，领导带头，手把手指导教师写教学反思；在校本教研方面，校长带头编书，主任紧跟其后；在自身学习方面，校长经常把自己的学习心得分享给教师。这些做法无形中传递着一种积极、向上的精神，这种精神已成为学校文化建设的核心。

（6）校本研究。新生态教育对教师的校本研究能力提出了较高的要求，目的是为了用教师的研究来带动学生，在全校范围内形成一种浓厚的学术研究氛围。但从应试教育走过来的大多数教师不适应这种工作方式，或者说不具备相关的校本研究能力。所谓校本研究，其实就是把一些过程性的东西搜集整理或书写出来，很多教师既没有养成这种习惯，也缺乏写文章的能力，更缺乏运用电脑的能力。环县五中的做法是引导教师先从写教学计划和总结入手，逐渐过渡到写反思，整理课堂实录，编写导学案、预习笔记等，再到编辑刊印校报、校刊和年级组、学科组、个人的文集。由个体到全体，由单一到全面，星星之火，逐渐燎原。比如，写反思，由刚开

始一人写，发展到一个年级、初中部的教师写，再到现在的全校教师写；由第一篇反思的诞生，到马文梅、郭明秀、胡艳红老师反思集的刊印。再比如，在2012年庆阳市课改推进会上，我们学校整理了八项课改成果，当时觉得很有成就感，但时隔一年，我们学校在2013年的全县课改现场会上展示了五十多项课改成果，让与会人员颇感震撼。

5. 目标是动力

每个人做每件事都有一个目的，这个目的也叫目标。为了达到这个目标，人们就会想方设法采取一些相应的措施，这“想方设法”就是动力的体现。许多课改名校的课改初衷都是“置之死地而后生”的奋力一搏，正如《周易·系辞》中说的：“易，穷则变，变则通，通则久。”它符合事物发展规律。环县五中是新建学校，家长、社会对学校并不十分认可，进行课改的初衷是希望通过改变学生的学习状态来提高学生的成绩。随着课改的不断深入，学校被确定为县级课改示范校，学校管理层就以此为目标，想各种办法来保住这个牌子，切实做到“示范性”。后来，学校又被确定为市级课改示范校，在全市范围内推广，迫使学校管理层不得不考虑下一个奋斗目标。有了成功的体验，感受到了成功带来的快乐，课改者自己也有了做大做强的目标。就是这一个个不断发展的目标，激发了整个团队不断进取的热情；就是这一个个由小到大、不断发展变化的目标，使课改者产生了做下去的不竭动力。

## 六、新生态教育的意义

近几年，在全国范围掀起了新一轮的课改热潮，苏州大学的朱永新教授倡导新教育，李炳亭、崔其升倡导高效课堂，全国各地的课改名校推出了各种教学模式，加上《人民教育》《中国教师报》的舆论造势，课改有席卷中华大地之势。这些教育改革家和教育媒体的操作者都是有良知的中国教育者，他们为中国教育的发展做出了一定的贡献。然而，有些人为了眼前的名利，始终把考试成绩看得过重，淡化了人的综合发展。新生态教育理念则是站在大教育观的角度，引领学生全面发展。

众所周知，未来的竞争不仅仅是国人之间的竞争，更是国与国之间的竞争。全球一体化促使各国都在为自己的生存发展想办法，各国不约而同地都把筹码放在了教育上。未来的竞争，实质就是国与国之间教育的竞争。新生态教育遵循了这一规律，主张从小培养孩子的创新思维、战略素养、全球意识、强国梦想。改善教育生态，这是时代赋予我们教育者的责任和使命。新生态教育才刚刚起步，我们任重道远，希望能有更多的教育同人加盟，为祖国的强大和实现中华民族的复兴而努力奋斗。

# 考场严防死守为哪般?

## ——说说中考期间的那些事

转眼间,一年一度的中考又到了。与往年不同的是,今年由高中招生学校组织考试,县教育局监督考试过程。这样一来,学校的压力增大了,责任更重了,难度也提升了。今年全县有六千左右的学生应考,而四所高中的招生总量还不足三千,也就是说,将有一半学生初中毕业后面临辍学。于是,部分家长使出浑身解数,通过各种途径想为孩子打通高中之路。

### 一、防患于未然

为了应对来自各方面的压力,树立学校的良好形象,也为了给广大考生提供一个公平竞争的平台,考前各考点主任(即校长)就指示相关人员要抓好考前筹备工作,做好舆论导向。制作《考生守则》《监考等工作人员职责》《违纪考生处罚暂行规定》《曝光台》等宣传版面;在考场黑板上书写"文明应考,公平竞争"八个大字;公示县教育局办公室、考点办公室及考点主任电话,公示主、监考老师姓名;在考务会上,对考点相关人员进行监考操作流程及考试纪律重点培训,提高认识,统一思想。

为防止考生用手机来传递信息,考试组织方做出应对,通过安装电子屏蔽器对手机信号进行干扰。然而电子屏蔽器功能有限,并不能同时将电信、移动、联通的信号干扰,怎么办呢?6 月 16 日早晨 8 点 20 分,考生正在进入考场，考点办公室临时做出规定，禁止考生将手机、计算器等电子设备带入考场，如发现将取消其考试资格。听到通知，许多考生主动把手机和计算器上交监考老师，放在了小件寄存处。这一做法有效降低了考生的作弊行为。

而一些家长更是“厉害”，居然请监考老师做题，搞传、夹、带。一个考场如果有成绩优秀的考生，还会提前“沟通”，让他们把考题答案写成纸条在考场上传递，距离近的还可以直接看试卷。虽然大部分监考老师能坚持原则，但也有一些老师会做出有违考场规定的行为，于是在开考半小时后，考点办公室决定临时调换监考老师，使其没有机会做一些小动作，同时也减轻了监考老师的压力。

为给考生提供一个良好的考试环境，公安机关也进行了专门整治，排除一些干扰因素，保证了考试的有序进行。

## 二、家长最可悲

帮助孩子作弊，亏家长能想得出来。有些家长可能考虑到如果这时能帮孩子一把，或许就能让孩子考上高中，也可以减轻自己的负担，所以就不惜一切代价以身试法，想尽办法帮助孩子作弊。我很想问问这些家长：您这么关心孩子，早干吗了？孩子在初中学习时，您与孩子的老师就孩子的学习问题沟通过几次？您关心过孩子的学业功课吗？您与孩子讨论过学习的事吗？您问过孩子的想法吗？我想，在孩子的学习过程中，有些时候孩子是真的需要您的帮助的，可是您忙啊，没有时间。结果耽误了孩子，到了决定孩子今后能走的路的时候，您才意识到要帮助孩子，出手大方，想要通过一些不正确的途径帮孩子获取不真实的成绩。我想问问：您这样做给孩子灌输的是一种什么思想？如果失败了，孩子会明白这社会还有起码的游戏规则；假如侥幸成功了，您虽然解决了一时的“难题”，但孩子失去的要远远大于得到的。这样的做法会给孩子留下这样的认识：通过投机取巧也能取得成功，我平时不努力，关键时刻我可以采取一些不正当手段达到我的目的，反正家长有的是钱，有的是本事。作为家长应该明白，这

世上并没有那么多的“侥幸”，可孩子不这么认为啊。

同样，您真认为“有钱能使鬼推磨”？您有没有分析一下您的“同伙”的心理感受？哪个老师愿意用自己的“饭碗”帮您冒险？再说，考场上给您传答案的学生还要做题，即使完成了，会把答案传给您的孩子，让您的孩子的成绩提上去把别人比下来吗？您能保证他给您孩子传的都是正确答案，不会传假答案？

再说，“依赖”这个魔鬼可恶得很。当您的孩子知道有人“帮忙”时，他可能对自己会做的题都会失去判断力，或者没有心思做了。不相信的话，您可以问问孩子。这不是帮了倒忙吗？

所以，帮助孩子作弊，不论从眼前利益考虑还是长远利益考虑，都是有百害而无一利的。

### 三、政府责任重

其实，中考时出现以上这些现象与学校“僧多粥少”的状况脱不开关系。高中学校资源严重不足使一些孩子无学可上，无事可做。家长不能不为孩子的未来谋出路，于是就只能各显其能了。

在最近出台的《国家中长期教育改革和发展规划纲要（2010—2020年）》中明确提出了普及高中教育的工作思路，届时，中考压力将会得到缓解。从社会用人的角度来说，国家现在急需大量技术工人，而技术工人的培训主要依靠各类职业学校。各级政府部门虽然千方百计引导学生上职业学校，但许多家长并不想让孩子走这条路。从另一个层面讲，我国现在的某些职业教育办得也确实不尽如人意。但是高中教育也是存在一些问题的，高中三年后，很多学生还是走了职业教育这条路。所以还不如趁早行动，可能会多一些机遇。因此，家长与其绞尽脑汁帮孩子在考场作弊，还不如转变观念，帮孩子恰当地定位。

当然，政府部门也在采取各种必要措施来解决学校“僧多粥少”的现状，如鼓励各地新建学校，扩大原有学校的规模等。教育部门也鼓励引导学校走特色之路，以适应社会需求，同时也在不断加大职业学校的办学规模和质量。办教育不是能立竿见影的事，是需要时间的。所以，在政府行动的同时，我们的家长朋友也要多研究社会，多与孩子沟通，多听孩子的想法，多鼓励孩子自强。这样孩子将来才能适应社会，才能在社会得到较好的发展。

# 当代教育的缺失

## ——由一名失足青年的忏悔想到的

昨天浏览网页时这样的字眼跳入我的眼帘：

“听听吧！一名22岁失足青年说的话……”

怀着好奇，我打开了视频。视频播放的是一名兰州的失足青年在讲自己的转变过程。该青年长得很帅气，口才也好，逻辑清楚，表达流利。看完视频之后，我觉得该青年的话发人深省，值得我们做教师的反省一下自己的教育理念和方式，也值得我们做家长的反思一下自己教育孩子的方式方法，更值得我们的教育行政部门反思一下目前的教育评价机制。感慨之余，我将视频上传学校QQ群，和大家一起分享。部分老师看完后在QQ群发出感言，这些感言进一步引发了我较深层次的思考。

从1977年恢复高考制度至今，中国当代教育走过了30多年的艰辛历程。通过高考，国家选拔出了一大批人才；通过普及义务教育，国民的文化知识水平得到普遍提高；通过政府支持、社会赞助等形式，学校的教育设施得到较大改善。然而近几年暴露出的一系列问题也反映出在高考指挥棒的引导下，我们的教育缺失了太多太多。

首先，传统礼仪的缺失严重影响了孩子的健康成长。中国古代教育注重六艺，即礼、乐、射、御、书、数六门课程的学习，礼、乐是专门修德的，主要教导学生如何做人，如何交际。从课程设置比例可以看出中国古代教育对德育的重视。在儒家文化的影响下，男女有别，长幼有序，上下有距，生活中的各个环节，不同身份的人都有适合自己身份的做法。同样，我们通过其他渠道还可以看到，古人是非常注重一个人的德行的，如练武要讲武德，学棋要讲棋德……这些“礼仪”被当代人称作“繁文缛节”，随着改革开放的深入，也渐渐地被“革”去了，缺失了。特别是国家推行计划生育政策以来，人们生活逐渐富裕，许多家庭中出现了“小皇帝”“小公主”，家长被孩子牵着鼻子走，孩子要什么，家长就给什么，一些家长对应该孩子自己做的事也包办代替，如清洁卫生、做作业、走路等，结果养成了孩子自以为是、唯我独尊的性格。当孩子长大了，变得行为放纵、无法无天时，家长才意识到问题的严重性，但此时家长再想管束孩子已经是无能为力了。我经常接触到这样的家长，每天都在与子女“斗争”，而败下阵的往往都是家长。也就是说，礼仪教育在家庭教育中的缺失已经严重影响了孩子的健康成长。

其次，在学校教育中，“唯成绩论”的现象很普遍，很多家长、教师、校长都只注重学生的分数，而对学生的德育缺乏关注。

“老师、校长为什么不教我道德，只教我学历……真正危害人类的东西全是有学历的人造出来的……专家都说了，像三聚氰胺、地沟油这样的有毒物品没有博士以上的学历是造不出来的，你学历再高又怎么样？你拿着你的学历和本事去害人……”

这样的控诉，值得我们每位家长、教育工作者及政府官员深思，这关系到我们国家和民族的未来。

关于德育，有许多人在呐喊，但是，如果不改变对学生、对学校、对教师的评价机制，其他的一切口号都是白喊。没有哪一所学校愿意同教育行政部门制订的评价制度较劲，也没有哪一位教师愿意天天做让领导不高兴的事。所以，当代学生的价值取向发生扭曲是多方面原因造成的。要改变这种现象，家庭、学校、政府得三管齐下、携手共进，才能延续我们中华民族的优秀礼仪，才能塑造孩子的高尚品德。

溺爱孩子，是长辈的天性，有哪个父母、爷爷奶奶不爱自己的孩子呢？但爱有两种类型，一种是暂时的爱，一种是长久的爱。暂时的爱是指在孩子成长阶段让孩子“牵着鼻子”走，孩子想怎么样，家长都竭力成全，包括包办代替本应该由孩子做的事。一方面，处于成长阶段的孩子尚未形成

正确的价值观，对身边发生的很多事还不知如何应对；另一方面，处于成长阶段的孩子又有很强的好奇心，他们对周围的一切未知事物都感兴趣。此时，家长应该做的是引导孩子，对孩子发展有积极作用的一些事应该让孩子去做、去探索、去感知，而对孩子的一些消极的、不健康的行为与爱好，家长应坚决制止，不能妥协应付。

在家庭教育中经常可以看到这种现象，孩子不小心摔倒了，家长赶紧跑过去把孩子抱了起来。为什么不让孩子自己起来呢？有时候孩子跌倒是由于没有听从大人的劝告而造成的，他跌倒摔疼了就会思考他为什么摔倒以及家长不让他如此做的原因，从而获得一些经验与教训，而家长快速的呵护却使孩子失去了思考的机会。还有这种现象：孩子上学了，学校安排了一些劳动，家长心疼孩子，就代替孩子参加劳动；随着孩子长大，一些诸如摘菜、刷碗、拖地、叠被子等家务活孩子已经能做了，但有些家长也不让他们做，说孩子还小，做不来，等长大了再做。家长不给孩子锻炼的机会，孩子怎么会做？家里的饭菜端上桌，第一个举起筷子吃的是孩子，家长不阻止，觉得这很正常，而不告诉孩子正确的餐桌礼仪。家里来客人了，孩子不知道问候，不会招待客人，而是关心客人给自己带了什么好吃的、好玩的，家长也是一脸漠然，不教给孩子正确的待客之道。有些孩子与小朋友闹别扭，发生矛盾了，家长不问是非曲直，只是抱怨、责怪他人，一味袒护自己的孩子。还有一些家长一味要求孩子考高分，只要考高分，有求必应。试问，这样的家长如何能让孩子知道感恩？如何能使孩子知理？如何能使孩子自立？孩子又怎么能形成正确的是非观？

总之，在物质相对丰富的今天，很多家长用爱剥夺了孩子认知的权利、判断的权利、锻炼的权利。这些短暂的爱对孩子的终生成长来说是有百害而无一利的，这样的爱还不如没有，但我们的许多家长就是认识不到这一点。俗话说：“严是爱，宽是害。”我们应该给孩子表现的机会、锻炼的机会、明辨是非的机会，鼓励他们去认知社会、认知生活，在实践中成长，家长给孩子把好舵，给他们提供锻炼的机会就行了。这才是长远的爱。但大多数家长认识不到这些，而采取了一些恰好相反的做法，当意识到自己错了的时候已经晚了。所以，家长要给孩子长远的爱，要采用正确的教育方式来培养、引导孩子形成积极、健康、向上的价值观、人生观，这对孩子的未来发展来说是很重要的。

有位父亲对女儿的教育采用了一种比较独特的方式，他从来没有辅导过女儿做功课，只是每天回来跟女儿聊十分钟，问四个问题，就完成了他的家庭教育。这四个问题是：

（1）学校有什么好事发生吗？

（2）今天你有什么好的表现？

（3）今天你有什么好的收获？

（4）有什么需要爸爸帮助的吗？

看似简单的问题，背后却蕴含着丰富的内容。这位父亲提的第一个问题是在了解女儿的价值观，了解她心里觉得哪些是好的，哪些是不好的；第二个问题实际上是在激励女儿，增加她的自信心；第三个问题是让女儿确认一下具体学到了什么；第四个问题则有两层意思，一是表明爸爸很关心你，二是说明学习是你自己的事。简简单单的四个问题却包含了很多关爱、关怀在里面。

当孩子走进校园后，接受教育的时间大多在学校。国家制定的教育方针明确指出要培养德、智、体全面发展的社会主义事业的建设者和接班人。然而在实际教育中，各个学校都注重智，关注学生的分数，其他方面都被分数冲淡了。因为分数容易量化，便于操作，组织一次考试，谁考了多少分，学生的受教育情况如何一目了然。况且学生的最终出路还是通过高考验证，所以绝大多数地方的小学毕业用成绩说话，初中毕业也用成绩说话。家长也认同这一点，认为其他方面都是无关紧要的，只有分数最实惠。所以，学校要强化德育，光喊口号不行，还需要教育行政部门改变衡量一所学校办学效果的指挥棒，要兼顾其他方面，特别是高中升学考试。指挥棒变了，各学校在对学生实施教育时肯定会采取一些相应的措施。学校的德育工作应围绕培养学生懂得各种礼仪、树立远大理想、养成良好的行为习惯、形成正确的人生观和价值观、具有化解各种矛盾的能力等方面进行。

中国素有“礼仪之邦”之称，但时下却经常听到有人抱怨现在的孩子缺乏礼仪，说要学礼仪需到韩国和日本去。这也是当代教育对中国传统礼仪淡化的结果。既然大家都抱怨，说明人们从心底里认为传统的礼仪是应该保留的。目前一些中小学把《弟子规》安排到教学中，实际上就是在补这一课。我觉得这样做很有必要，而且力度应该加大，通过读、讲、演、论等形式使学生学会一些最基本的礼仪。

最近网上有一篇《大学四年同居结束后，我还剩下什么?》的帖子迅速传播，从这篇帖子中我们可以看出当代大学生缺乏责任、缺乏理想、浑浑噩噩度日的状态。我们还可以从其他一些资料中看出当代大部分青年对生活的迷茫。我觉得这是我们对学生的理想教育失败的具体表现。一个人没有目标、没有理想是很可怕的。记得在学生时代，我一看到政治课本上的“理想”字眼就觉得很遥远，同学之间也很少谈理想。现在我们虽然提理想教育，但也只是说说而已，并没有采取具体的措施。2009 年，香港“苗圃行动”组织 30 多名世界各地的华人中学生在环县一中与一中的部分学生开展了一个分享会，其中有一个节目“放飞理想”，主持人列举了十大流行、热门职业让参与的学生选择，并说出理由，结果学生们说得很好。我看了深受启发，如果我们的班级里也能经常开展一些这样的主题班会，那么教育效果一定很好。当然，各科任教师也是学生理想教育的引导者，在日常教育中把各学科的教学内容与理想教育联系起来进行教学，也一定能取得良好的教育效果。所以，课堂渗透也是培养学生理想的有效途径。

不知从什么时候开始，校园安全成了学校德育工作的重点，这缘于校园暴力事件的频繁发生。学生之间因为一点小小的口角就会大打出手，甚至造成生命伤害。每有这类事件发生，人们就不禁会问：现在的孩子怎么了？怎么连这点小事都应付不了？问得很好，但作为家长，你问过自己吗？孩子长这么大，你与孩子讨论过处理、化解此类事件的方法吗？作为教师，你每天要求学生遵守纪律、完成作业，不是也很少引导学生正确处理某些问题吗？这同样是德育中被忽视的一个问题。学生处理问题的方式很多是从网络上学来的，他们在网络中打打杀杀不需要承担任何责任，因此在现实中，他们也不会考虑这样解决问题的后果，只会贪图一时的快慰，结果使很多人因此受到伤害，既毁了自己，又连累了他人。所以，作为教师，我们有责任、有义务帮助学生了解化解同学间的一些矛盾的方法，培养他们处理问题的能力。每个班都有一些调皮的学生，他们难免会与其他学生甚至教师发生矛盾，此时教师应该看到他们毕竟是孩子，对他们要有宽容之心，要有耐心，要帮助他们找出产生矛盾的原因，然后进行引导，而千万不能不问青红皂白就当头棒喝。我们要始终相信，孩子需要关心，需要理解，需要沟通，需要引导。

在学校，教师不仅要教给学生掌握知识的方法，还要培养学生生活的能力。我们学校实施“班级民主、学生自主”的管理办法就是为了培养学生的各种能力。一个班级就是一个小集体、一个小社会。我们通过开展小组竞争、班干部竞选、值周检查、班级事务承担等活动，锻炼了学生的各种能力。环县五中实施这种管理模式一学期以来，收获很大。刚开始学生还有些不习惯，承担工作时唯唯诺诺，不敢去做。而现在，一个学期快结束时，每个学生都有了较大变化。这是学校给学生创设的一个锻炼的平台，学校和班主任要利用好这个平台。

学校还要帮助学生树立正确的人生观、价值观，让学生懂得感恩，可以结合课堂教育开展一些主题活动。学校要加大德育硬件方面的投资，为学生活动的开展提供一些物质保障，避免把德育活动看成是简单的说教，让学生在活动中形成良好的品德。

政府也应该加强对网络游戏的管理，肃清一些凶杀、恐怖、色情等内容的游戏在网络的传播，加强校外教育中心的建设和使用，使学生在校外同样能够接受与学校同样的教育。同时，家庭、社会、学校三方面的教育要紧密联合起来，保持步调一致，适当时候可以举办家长培训班，加强家校沟通，交流教育方法。

学生是祖国的未来，我们中华民族在未来的世界竞争中能否有优势，取决于我们的教育。假如我们的教育还是一味地以分数论英雄，在未来的竞争中我们必定处于劣势，那将是我们最大的遗憾。

# 何为优质？

## ——观“优质课大赛”评选有感

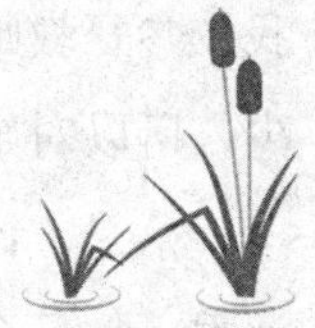

近日，环县初中部语文、英语、物理的优质课大赛在我校落下帷幕，我校参赛的三名选手，两人获得第一名，一人以 0.3 分之差屈居第二。但这位教师很不服气，指出获得第一名的教师在教学时有知识性错误，课堂上学生活动少，教师一讲到底，而她的课就是由于学生活动多，教师讲得少，使活动的组织者觉得教师的教学能力没有完全体现出来，所以才屈居第二。她的话引发了我对“优质课大赛”这一活动的思考。

第一，评价标准的问题。何为优质？是学生优质还是教师优质？从名称看，是指学生优质。但学生优质的衡量标准又是什么？就拿这次语文课教学评比活动来说，五名评委中，有四名评委没有参与过新课程改革，评价方面以传统意义上的教师讲授为主，看重的是教师的板书、普通话水平及讲授能力，而淡化了学生的活动，这就把优质的对象转移到了教师身上。我与大赛组织者多次探讨过评价标准，他们的初衷是要通过学生的表现考查教师的能力，但在实际操作中评价的却是教师的讲授能力等。我校进行新课程改革，要求教师少讲甚至不讲，评价教师主要看学生对课堂教学活动的参与度和对文本的理解，教师的工作体现在导学案的设计，并要通过学生的小组合作表现出来，这与优质课竞赛中一味彰显教师的角色正好相反。这也是部分教师（评委）无法接受评价结果的原因。

这次的三科竞赛，英语课、物理课的评价标准主要是看学案的设计、学生的活动、教师引导的切入点及点评质量，我校教师平时就很注重这些，所以，这两科的参赛教师占了优势，脱颖而出。但语文不一样，关于语文课的评价标准，大家的意见不一。有人提倡教师要多讲，多教字词句，多分析文意，多挖掘语言背后的含义，但这样做容易使一篇美文变得支离破碎，到头来学生可能什么都学不到，学生学得很累，教师教得也累。新课程改革强调，对于学生能独立解决的问题，教师不应再浪费时间，教师在课堂上要侧重挖掘文本的意蕴和品味，这是语文教学的一种高层次的表现。我校参赛教师的参赛课就达到了这个标准，但评委认为教师教给学生的太少，所以对她的评价就不高。

第二，评委本身素质的问题。比赛，肯定需要评委，但何人能够担当评委，却是个问题。如果抽调同一个学校的教师当评委，这个学校长期形成的评价标准与其他学校有差异，其他学校的教师肯定会有意见，评价结果不能服众。如果评委是从一些规模较大的学校抽调，也有问题，一是各校的工作作风和对教学的要求不一样，形成的评价标准也不一样，许多观点不一样的人坐到一起评价同一节课，该如何评呢？二是各校推荐的未必是本校该学科最优秀的教师，这也导致了评价结果的不准确性。虽然评价时制订了详细的评价细则，但在具体操作过程中，评委很难严格按照评价细则做出客观评价，最后都是根据评委的个人主观评价打了综合印象分。

第三，客场与主场的问题。举办这样的教学活动肯定要依托某一学校，这就出现了主、客场问题。主场的教师肯定占优势，因为他们与本校学生配合默契。但客场教师就不一样了，学生对教师不熟悉，对教师的教学意图不理解，也就不能按教师的要求开展学习。因此，处于主场与客场的教师的上课效果也会有很大的区别。

第四，新课与旧课的问题。参赛的教师多，所在学校各班的教学进度又不一样，最后导致的结果就是有些教师上的是新课，有些教师上的是学生已经学过的内容，这样一来，学生的课堂反映肯定不一样。所以，根据学生的课堂表现无法准确评价教师的教学引导能力。况且，不同的班级中，学生的构成与班风也不一样，这也会影响教师的教学效果。谁都知道，同样的教师，在这个班上课时得心应手，在另一个班上课时也可能会阻力重重，达不到预期的效果。

综上分析，我认为，所谓的“优质课大赛”的提法，本身就欠妥。举办这样的活动，目的是为了促进教师的专业发展，但每年评出的获奖者在实际工作中并不是很优秀，比如，在我工作过的一所学校，有一名老师曾在全国优质课竞赛活动中荣获二等奖，但其专业功底和教学效果并不被本校领导、同行及学生认可。为什么会这样呢？他的板书、普通话、气质等都符合竞赛的标准，但在实际工作中，他却不能因材施教，不能激活学生的学习热情。

我认为，以后不如把“优质课大赛”改成“教师教学基本功大赛”，内容包括板书展示、普通话比赛、教师才艺比赛、课堂组织能力竞赛、导学案设计比赛、说课比赛，等等。这些活动内容单一，评价标准简单，能够直接与教师的专业素养和教学能力挂钩，能够促进教师的专业发展，提升教师的教学素养。

# 课改行动成长篇

Ke Gai Tu Wei

# 在课改困惑时再访齐家楼初中

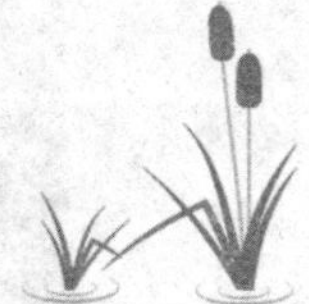

2011 年 3 月 16 日，校长带领我校全体教师赴庆阳市西峰区课改示范校齐家楼初中参观学习。学习归来后，学校根据这次学习考察的情况制订了环县五中推行新课程改革的初步计划，让政治、历史、地理、生物的科任教师先在课堂上实践，要求教师课堂讲授不能超过十五分钟，不能留课后作业，语文、数学、外语三大主要学科的教师可以探索也可以论证。随后，学校也确定了关于新课程改革的十三个小课题，安排给相应的教师进行研究。最后学校还确定了在现阶段要以“842”或“632”模式做好学习小组的组建，推行导学案，在课堂教学上按照预习、展示、反馈三个环节试行教学。通过一段时间的实验，暴露出很多问题，学校管理层、一线教师及参与的学生都产生了一些困惑，于是，学校决定组织各学科的课改积极分子二访齐家楼初中。

6 月 2 日下午，张校长召开了出访教师动员会，要求各位教师一定要带着问题去，尽可能地在齐家楼初中找到所有问题的答案。我感觉教师们肩上的担子有些重，不由得有些担心。

6 月 3 日早晨，我四点五十分准时起床，想起要求教师五点钟在皮影保护中心楼前集合，我赶紧洗脸刷牙，冲出家门，往目的地急赶。到了目的地，发现大家都到齐了，我觉得有些不好意思，但看到教师们这样遵守时间，心里又很欣慰，觉得这次一定会不虚此行。

车沿着 211 国道线向南行驶，由于起得早，大家说了几句闲话后就开始犯困了。大约五点四十分，手机铃声响起，一看是校长发来的问候："祝所有外出学习的老师心情愉快，一路顺风!"一股暖流顿时传遍全身。这时我发现各位教师的手机铃音都相继响了起来，大家看后，相视一笑，心里的压力顿时减轻了许多。

八点十分，我们来到了齐家楼初中的大门前，正好赶上他们的第一节课，我们的教师赶紧找相应的学科进班听课。该校的校长赴上海学习，副校长及教务主任也不在，只有一名政教主任在校，但他也要去上课，我只好独自在校园中转转，再次感受一下他们的校园文化氛围，然后在一名环县籍教师小文的带领下，走访了这所学校的几名班主任和主要学科的教师。第二节课后，我们又感受了一次齐家楼初中大课间操的活动情况，然后安排我们的教师结合第一、二节的听课情况带着问题再与他们的教师交流，我和杨校长同齐家楼初中的政教主任及几名教师就管理方面存在的一些困惑、问题做了交流。

中午放学时，我们的教师聚到一起，谈起听课、走访的收获，胡艳红老师说："第一次来时我们很震惊，想不到课竟然还可以这样上！经过我们自己的摸索，还是存在一些困惑。但这次学习使我找到了自信，也许，当我们第三次来时，就会用批判的眼光看他们的某些教育行为了!"

其他教师也都谈了谈自己的见解，从大家的表述和情绪看，这次访问

确实解决了教师们往日的一些困惑。

根据我的观察走访，我觉得齐家楼初中的如下做法很值得我校借鉴。

1. 新课程改革的推进程序

为推行新课程改革，齐家楼初中做了充分的准备和规划，确定第一学期为培训适应期。为督促教师实施新课程改革，他们成立了四个课改督察小组，由校领导和课改骨干分子组成，随时巡查教师落实课改的情况。每个教室都安装了摄像头，记录教师上课全过程，为教师教学反思提供材料，也为学校督察提供帮助。另外，为使学生适应新课程改革的要求，学校在每学年的前两周开展新生入学学习培训活动，对学生进行校情教育、学习方式教育，进行反复操作与演练。针对学生不敢发言的问题，学校就让学生写演讲稿上讲台演讲，还到其他班级交流演讲，效果很明显——大部分学生都敢于发言了。

2. 学习小组的操作

我校按照“842”模式组建了学习小组，确定了组长和记录员，但由于组长和记录员的工作量太大，没有学生愿意承担这项工作。另外，让一组学习最好的学生帮扶最差的学生，也影响了好学生的学习。齐家楼初中的做法是不设记录员，小组长由每个学生轮流当，小组成员结成帮扶对子，帮扶对子的差距不宜过大，如 1 号帮 3 号，2 号帮 4 号等，这样就解决了帮扶者工作量过大的问题。同时，不同学科的学生结不同的对子，这样的学习小组就有了灵活性，也有利于各学科的教学。

3. 大课间活动方式

大课间是市教育局推行的做法，我校还没有实行。齐家楼初中把这一活动分成两个内容，首先是集体诵读、做操，其次是以班为单位进行才艺训练、展示，有竹笛、葫芦丝、口琴、朗诵、合唱……一个班一个特色，这对调节学生的情绪很有好处。

4. 关于语文课的教学

在语文课预习课上，齐家楼初中的教师会让学生规范地写生字，让学生临摹与课文配套的钢笔字帖，部分学生在黑板上写。另外，他们的“暮省”主要是让学生写日记，反思当天的收获、感悟，还要求学生每周写一篇作文，通过写日记和周作文来提高学生的写作水平。为激励学生，学校规定每周每班可推荐五篇优秀作文或日记在校园网上发表。

5. 对教师的培训

齐家楼初中除组织教师“走出去”学习外，还给每位教师配发了学习读本。这些读本都是有关新课程改革的专著，如李镇西、朱永新、魏书生等教育名家的著作，这些著作语言通俗，通过一个个生动的教育故事阐释教改中遇到的一个个问题，很有现实性和指导意义。对这些著作，学校硬性要求教师必学几本，然后还组织了检测（考试）。另外还有几本是工作参考书，当教师在工作中有困惑时可以从中找到良方。

6. 把握新课程改革的实质

新课程改革采取的所有方法都是为调动学生学习的主动性而服务的，目的是让所有学生都能参与到学习过程中，并不是完全否定原来的教学方式，所以科任教师一定要处理好以下几个问题。

一是讲与导的关系。新课程改革并不是教师一点都不讲，教师该讲的一定要讲。这个讲是精讲，是点拨。教师要重视对学生的引导，这个导是对学生学习环节和知识探求方式的引导，是为了调动学生的积极性，让所有学生都参与到学习过程中。

二是强制记忆与自觉记忆的关系。没有记忆就没有学习。以前的教学方式是为了确保学生能考高分，教师强迫学生记忆一些知识。推行新课程改革，学生要不要记知识？肯定是要记的。单词、定理、公理、公式及一些精彩课文等都要求学生记忆。但是原来是教师要求学生记，学生是被动地接受，一部分学生听教师的话记住了，一部分学生没有兴趣记不住。而新课程改革则是要求教师通过调动学生的兴趣，创设一种良好的学习氛围（小组互助式学习）使所有学生或更多学生参与学习活动，让学生在快乐中、在享受成功的体验中主动记忆该记的知识。

三是关于教学环节的运用。原有的教学方式重在讲练这一环节。现在改为预习、展示、反馈三个步骤后，学习的权重发生了变化，学生成了整个教学活动的主角，而预习就显得尤其重要。很多教师反映课堂时间不够，把预习时间安排在了课外，结果使学生的学习负担加重了。齐家楼初中的

做法是学生的预习要在课内进行，重在预习。比如，在语文课上，教师列出预习提纲后，学生可以预习一课时；第二课时，教师对学生在预习时没有掌握的部分进行点拨，重在展示，反馈时间可以相对少点。当然学科不同，教学内容不同，这三个环节操作的权重也不一样。所以教师不要教条，不要生搬硬套，不管什么内容都是“三步走”，要切记，一定要把教学的本质抓住，不管采取什么方式，最终目的是让学生的能力得到锻炼，技能得到提高，知识储备得到增加。新课程改革的目的之一是使学生不但拥有高分，还要有健全的人格、良好的行为习惯和较强的能力。

四是关于作业问题。齐家楼初中在新课程改革刚开始时是要给学生留作业的，在操作程序熟练后就取消了作业，教师、学生的负担就减轻了。作业是为巩固知识而准备的，只要达到了目的，何必还要浪费时间呢？如数学课，学生在课堂上进行的都是讲练活动，已经对相关内容做了大量练习，应该说已经完成了教学任务，所以就没有必要再布置额外的家庭作业了。其他学科也一样。从学习的角度讲，只要学生主动参与了学习过程，掌握、记忆知识的速度一定快，对于一些没有弄明白的知识也会主动探究。学生主动探究与完成教师布置的作业还是有很大区别的。

推行新课程改革是一场不小的教育革命，践行者肯定要付出艰辛的努力。不管困难多么大，只要我们每个人用心去做，就一定会取得丰硕的成果。

下午，在回校的途中，教师们热烈讨论着有关新课程改革的话题，从他们的谈话中我感到，这是一支敢于迎接挑战的队伍，一支充满自信的队伍，一支有使命感的队伍。看着他们一个个的认真劲，我仿佛看到了环县五中的美好明天。

# 写教学反思，促进教师专业成长的最佳方式

从杜郎口中学取经归来后，为了提升教师的专业素养，我提议每位科任教师在授课后撰写教学反思，每个学生在课后也进行学习反思。经学校领导商讨后，决定在课改年级进行尝试。

我在楼道的黑板上设立了一个“感悟分享”专栏，要求每位教师每周选择一篇自认为优秀的反思进行张贴交流。

让我没想到的是，教师们对这一新的举措很感兴趣，初中部的两个年级积极响应，每个人都写了反思。一时间，楼道黑板上的反思专栏成了一道靓丽的风景，教师看，学生读。张校长特别兴奋，每期必读，还进行点评。

但随着时间的推移，有些教师坚持不住了，有的不按时交，有的则随便摘抄一段应付。张校长看到这种现象，心里特别着急，让我尽快制订一套激励措施，评价每周的优秀反思。我思之再三，觉得不好落实。

这套评价措施由谁来执行呢？如果由我亲自评，时间一长，教师们会不会说我凭个人喜好论英雄而产生负效应呢？如果让年级主任评，情况与我评没什么区别。经过思考，我制订了如下措施。

每周末，由学科组长负责收齐本组教师的反思，并评出优秀的反思上交年级主任，再进行张贴展示。

这项措施在最初几周执行得不错，但时间一长，部分教师又坚持不了

了。渐渐地，反思成了年级主任和学科组长的负担。

校长看在眼里，急在心里，多次给我下命令，让我想办法。看得出，校长是把教师撰写反思当作提升教师素质的一项工程来做，他也多次在各种场合表达了这个意思。那段时间，让教师撰写反思成了我的心病。

就在这个时候，马文梅老师的做法促使我下决心把这件事做好。

马老师从环城初中调入环县五中后，新课程改革的激情把她的热情激发了出来。她在课堂上不厌其烦地尝试各种新教法，每次尝试后都非常认真地写了反思，且写得很有见解和文采。

马老师原本学的是体育专业，后改教政治课。一名体育老师改教政治，难度不小，但马老师不但进行了有效的课堂教学，而且天天坚持写反思。一学年结束，她把自己的反思整理出来，居然有十多万字，厚厚的一摞把我们都惊呆了。

有这样执着的教师，我们还犹豫什么？有这样优秀的教师，我们管理者有什么理由不做好服务工作呢？

那几天，我常常这样问自己。

为了更好地引导教师写反思，我撰写了一篇《关于反思的反思》的文章。

……

学校要发展，必须要打造一个优秀的教师队伍。实践证明，写反思是提升教师素养的有效途径。工作之余，对自己的学案设计、导学方法、导学效果等进行反思、梳理，成功的做法继续坚持，不足的探寻原因，不让相同的失误重演，有助于改进我们的教学管理工作。我们的服务对象是一个个鲜活的生命，他们有个性，有思想，有激情，我们每天与他们为伴，是一种挑战，也是激活我们思想的源泉。我们唯有把自己一点一滴的感受记录下来，积累下来，进行“咀嚼”，才能不断地超越自己，适应学生的需要。

其实，我们认真地剖析一下成功人士，特别是活跃在当代教育界的专家、学者的成长之路，不外乎学习、实践、积累，他们都善于记录自己的所为、所感、所思，如李镇西、魏书生、崔其升等，他们的许多专著都是工作反思、教育随笔。

……

也许，对于大多数教师而言，写反思的确是一件难事。

反思可以一事一议，三言两句，也可以就某事长篇大论，没有固定格式，记录感言而已。我想，作为受过高等教育的大学生要做到这一点并不难，关键是有些教师把这件简单的事情想复杂了，认为写反思就是写论文，对自己要求太高，所以缺乏自信，迟迟不敢动笔。另外，我们的教师没有养成写作的习惯，我们总是要求学生养成这样那样的习惯，为什么我们不身体力行、率先垂范呢？

学校之所以要求教师写反思，是为了提升教师的教育教学素质，提升学校的形象，也是为教师的交流互动创建一个平台……

我想，作为学校的一名教师，首先要学会服从学校的安排，对学校的政令决策不理解可以探讨，但弄虚作假和拒绝执行，则有悖于一名职工做事的起码原则。既然是学校的一员，就要按照学校的规则行事，否则，你到这个团队干什么？同理，不论是企业还是其他事业单位，都有自己的规章制度，你要在这个团队生活，在这个团队发展，首先就要做到学会按这个团队的章程办事，不知部分教师想到这一点没有？

这篇短文产生了一定的效果。之后，我又提议把写反思的面由初中部扩大到全校，学校行政会同意了我的提议。

一时间，学校新建的网络热闹了起来，每周都有上百篇文章上传，使得网络管理员孙文应接不暇。后来经学校研究决定，孙文在网络后台做了技术处理，由年级组的各级领导审查本年级的反思。

由于反思的加盟，环县五中的网站知名度大增，网络建成不到一年，点击率就超过 5 万次，上传文章几千篇，每周更新上百篇文章。这在其他学校的网络建设中是很罕见的。

2013 年秋季，学校新调进 40 名教师，组织部门对管理人员也进行了补充和调整，使反思的撰写一度陷入低谷。一学期下来，有 21 人没写一篇反思，30 人只写了一篇。而与此同时，在 2013 年度学校的各项交流活动中，各方面的专家对学校的写反思举措进行了充分肯定，认为这是环县五中的特色。校长深感压力巨大，表示在学校层面要强力推行。

鉴于教师的实际写作能力，我决定对教师如何写反思进行专题培训。我请胡艳红老师做了详细的准备，于 2014 年 1 月 11 日上午举办了专题讲座。

一、什么是教学反思

所谓教学反思，是指教师对教育教学实践的再认识、再思考，并以此来总结经验教训，进一步提高教育教学水平。教学反思一直以来是教师提高个人业务水平的一种有效手段，教育上有成就的大家一直对此非常重视。现在很多教师会从自己的教育实践中来反观自己的得失，通过教育案例、教育故事或教育心得等来提高教学反思的质量。

我个人认为，教学反思就是教育工作者在教育教学实践与研究中的经验、教训、感受、体会以及对教学的见解、体悟，经过思考、整理、加工，付诸笔端，见诸文字，以教学后记、教学日志、课例研究、教学案例、教育随笔、教育故事、教学美文等形式表达出来。

二、为什么要进行教学反思

让我们先听听专家怎么说。叶澜教授说："一个教师写一辈子教案不一定成为名师，如果一个教师写三年的反思，有可能成为名师。"

有人如是说，只教不研，就会成为教死书的教书匠；只研不教，就会成为纸上谈兵的空谈者；既研又教，就会成为一名科研型的教师。

还有人总结了一个教师成长公式：经验＋反思＋学习＝成长。

笔者也总结了三点原因。

1. 促进学校教学事业发展的需要

没有先进的理念，就想不远；没有具体的操作，就立不稳；没有深刻的反思，就走不快。环县五中是一所新学校，在生源较差的情况下，要在激烈的竞争中站稳脚跟，必须有先进的理念引导，有其他学校所没有的特点。而反思文化就是我校的一个特点。短短几年，环县五中得到了上级的肯定、同行的认同、社会的赞誉，反思文化功不可没。所以我校教师撰写反思势在必行。

2. 新课程改革的需要

新课程中有“四个关系”和“四个强调”：在对待师生关系上，强调尊重、赞赏；在对待教学关系上，强调帮助、引导；在对待自我上，强调反思；在对待与其他教育者的关系上，强调合作。因此，反思是新课程改革的需要，新时代的教师应当摆脱长期以来的消极被动的教书匠形象，代之以积极主动的新形象，不断地进行教学反思。有反思，才有突破，才能发展。

3. 教师成长的需要

金无足赤，人无完人。古人也曾说“一日三省吾身也”。我们无意“三省”，可反思一词本身就有反省、内省之义，所以，作为教师，对做过的工作和经历的事情做一番思考，肯定能够从中获得启迪，进而有所改进和提高。当然，这里的反思，不是信马由缰地随想一下，而是要用笔记录下来，形成系统的文字。经过长期的书写训练，记录者的写作水平也会有所提高。因为写东西，谁也不想记流水账，都想写得深刻一点，耐读一点，在这种需求的驱动下，记录者往往会参阅一些资料、翻看一些书籍，调动自己的理性思维，进行进一步学习，把自己的思考与倡导的理论结合起来，从而提高自己的理论认识和理论水平，提升自身的素质和教学能力。

同时，在教学实践中，我们通过记录自己、他人的教学活动、教学事件等，不断促使自己进行教学思考，更深刻地认识自己，促进自身的专业发展。而这些记录也能够帮助我们把自己逐渐淡忘的教学实践中的经验、问题和思考积累下来，形成一笔宝贵的教学财富，作为撰写教学论文和教育专著最好的依据和素材。

所以，要想成为一名优秀的教师，必须在教学工作中不断反思，不断完善，不断进步。

三、怎样撰写教学反思

“我思故我在。”其实，作为教育工作者，思考随处都在发生。可很多时候，很多人都会有这样的感觉：上完一堂课，有很多感想，有对课堂的，有对教学方法的，有对学生的，还有对教材的，总想把它们一一写下来，但总是在提笔时不知如何下笔，千条万条不知写哪条好。我们不妨从以下

几个方面入笔。

1. 课堂教学思得失

课堂，是我们教学的主阵地。一节课下来，静心沉思：摸索出了哪些教学规律？教法上有哪些创新？知识点上有什么发现？组织教学方面有何新招？解题的诸多误区有无突破？启迪是否得当？训练是否到位？等等。及时记下这些得失，进行必要的归类与取舍，思考一下再教这部分内容时应该如何做，写出再教设计，这样做可以扬长避短、精益求精，把自己的教学水平提高到一个新的境界和高度。这一点，我校很多教师就做得非常好，尤其是马文梅、郭明秀两位老师，她们耐心细致地记录课堂中的点点滴滴，给了我们很多启示。因此，我们可以从以下方面反思我们的课堂。

(1) 自己在课堂教学过程中发现的问题或产生的困惑。

(2) 课堂教学过程中发生的事件的真实发展过程。

(3) 某一事件的发生与发展及其发生的原因，探讨解决的对策。

(4) 本节课是否达到教学目标？教学任务完成得怎样？

(5) 对偶发事件的及时处理，师生之间的精彩对话。

(6) 授课之前对本节课的计划或期望与实际的教学情境之间是否存在差距？

(7) 本节课对以后的教学有什么启示、作用？

(8) 本节课令你印象最深的是什么？

(9) 多媒体教学手段的运用。

(10) 这堂课最大的亮点是什么？最失败的地方在哪里？

2. 借鉴别人省自己

“以人为鉴，可明得失”，即以他人作为对照，可以知道自己的成功、失败和不足。听评课活动可谓校中常事，尤其是在环县五中这样的新学校，不断有专家、学者来我校讲课培训，教师可以有更多的机会充分利用别人的课堂阵地反思自己。通过观摩、反思同事、专家的教学行为和理念，参与集体交流研讨，就能诊断自己或同事的教学问题，找出解决问题的对策，发现别人的长处，借鉴他人的成果，使自己成长。在往后的工作中我们就会考虑得更周到，操作得更自如，少走弯路，并提升教学境界。

李宁老师有篇反思叫《评课，到底谁说了算》，真实深刻，收录如下。

写下这个题目时，我的内心充满了困惑。从进环县五中到现在有一年多了，期间听过不少课，也评过不少课，可我的这个困惑有增无减。我的同行曾这么跟我说，如果教务主任来了，就要为教务主任做课；如果校长来了，那得先知道他的喜好是什么，然后为他准备课，要不然就把自己的课全否定了。所以，当教师很难。一节被领导否定的课，很难听到其他评课者不同的声音。

我想，我们首先要明确评课的目的到底是什么。我个人认为评课的目的在于三方面：一改，改进教学实践；二促，促进学生发展，促进教师专业成长；三提，提出问题讨论，提高教学质量，提升教育品质。那么在这样的目的下，我们去听课时，是抱着一种评论的心态、学习的心态，还是帮助教师的心态？我觉得还是后两种心态要好一些。去听课，一方面是为了从课堂生成中寻找自己的灵感，这是学习；另一方面是为了帮助教师获得专业成长，而不是以衡量课的好坏为目的。

所以参与评课的人与讲课的教师应该是平等交流的关系，在这里没有专家、领导之分，其身份都是一节课的参与者，都是为了学习和帮助而来的。那么作为被听者，我觉得应该给评课的教师提出质疑和追问，这样才能保证评课的深度。

所以，评课，谁说了都算，谁说了都不算，不存在谁听谁的。评课，要允许提出质疑和追问，允许有所保留与改变，允许失误和跟进。尊重但不盲从，倾听但不沉默。

3. 展现智慧呈精湛

灵活的教学设计能收到意想不到的效果，给课堂带来勃勃生机；一个有趣的问题能给学生的想象插上翅膀，展现出智慧的火花；妙言趣语、幽默问答、探究性的发现、精彩的展示或随机生成的一次思维拓展等，这些都可以作为课堂的精彩之处和闪光点记录下来。我们在反思中将这些精湛之处再次呈现出来，再现我们教学活动的鲜活和灵动，可以让我们的反思读起来有血、有肉、有生命。

我们的教育对象是学生，没有学生就没有教师。教师整天和学生打交道，有太多太多的教育故事，有太多太多的成功之处，一一记之，不仅能成为自己的财富，还能把这些教育方法发扬光大，供别人参考学习。

还有，在新课程改革的路上，在摸着石头过河的实践中，课前如何培训学生、课堂如何引导学生、课后如何激励学生，可以有诸多的方法与形式，把它们详细地记录下来，供以后教学时参考使用，可以帮助教师在此基础上不断地改进、完善教学，推陈出新，达到光辉顶点。

4. 吸取教训写不足

教学是一门不完美的艺术，再成功的课堂都会有疏漏失误之处。对好的课堂进行回顾和梳理，发现美中不足的地方，记录下来，能使以后的教学精益求精。而失败的课堂，不应只成为教师的遗憾和感慨，也应记录下来，总结经验，吸取教训，让其成为教师成长的催化剂。曾经我上的一堂课，有许多人听课，课前我自认为设计好了一切，甚至包括学生对教杆的使用这样的细节我都进行了预设，结果学生在展示环节陷入僵局，冷场了，教学以失败告终。于是我认真写下了《关于我的一节课的反思》，文章结尾处我告诉自己："路漫漫其修远兮，吾将上下而求索"，愿我的这些琐碎思想给我以洗礼，帮助我走好明天的路。

其实在教书育人的过程中，我们都或多或少走过一些弯路，犯过或大或小的错误，思之记之，既是教学所需，也是为了同样的错误不犯第二次，吸取教训，更上一层楼。

张校长有篇文章叫《追梦》，很是感人，第一段文字是这样写的：

"年轻时是做梦的季节，我竟然没有梦，现在老了，反而做起梦来，且叫'追梦'，足见我心之急，梦之切。说出来不怕别人笑话，这是补年轻时落下的课，补自己人生的缺憾。或者说是集三十年教书之教训做点梦——环县五中的办学梦、课改梦、新生态教育梦。"

5. 捕获灵感书感悟

许多时候，看一个现象，读一本书，听一句话，或感受某一精彩瞬间，智慧的火花会不期而至，这就是我们常说的灵光一闪。对于这灵光一闪，我们应及时捕捉，记录，还应进行深入的思考，写出感悟，否则，灵感就会转瞬即逝，烟消云散，成为遗憾。如果确实没有时间进行及时反思，那么至少也要写下题目，待闲暇时再回味补记。我自己的许多反思都是偶尔感之得来的。如监考时一位学生的形象、行为让我颇有感触，引发思考，便有了《偶感》；课堂间隙走到教室里学生的“每日一记”处，读苏轼的《蝶恋花》，发现学生误将“墙里秋千墙外道”写成了“墙里千秋墙外道”，便对学生学习语文产生了一点思考，遂写成《“秋千”“千秋”》；召开家长会，发现许多家长不知道孩子在哪个班级，不知道班主任姓甚名谁，便将自己的感慨写进了《有感于家长会的召开》。不管能不能成文，至少觉得如同吐喉之鲠，舒了胸臆，表达了自己的所思所想、所感所悟。

总之，教师生活的方方面面都可以写，大到教学思想，小到一丁点的感触，只要有想法，且想法有新意，都可以成为反思素材。大政方针，细微琐事，均可入文，且形式自由，小品文、日记、杂文、读书笔记或听课评课稿都可以。多则多写，少则少写，只要把点滴想法记下来，写清即可，慢慢地自会有高度和境界。

四、温馨提示

1. 反思，应从“第一时间”开始

写反思，要讲求时效，一旦由情境触动而产生灵感，就必须迅速捕捉住，立即记下来，否则，时过境迁，无情境诱导，灵感不再出现。即使回忆起来，也无原来的冲动，写不出原来的神韵。所以我们平时就得养成勤于记录的习惯，有所得，及时写下，“第一时间”进行思考、提升。

2. 实话实说，成败并举，大话空话不写

教学反思源于自我的实践，是自己亲历亲为的经历和体验、感悟和分析，不管得失成败，皆应实话实说，一定要求“真”。这“真”一是指课堂教学不管成败都要真实，要客观地记录下教学过程中的现象和事实；二是指分析要真实，要真切地记录下自己的思考和感悟。如果教学反思不能以真实为基础，而是大肆摘抄，无病呻吟，大话空话连篇，读之便味同嚼蜡，也起不到提升自我的作用。当然也不能记流水账，空洞乏味，要有点深度和高度，有点美感。

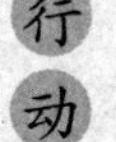

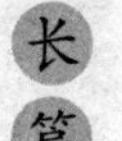

3. 日积月累，坚持不懈

有人说，成功的秘诀不在于一蹴而就，而在于是否能够持之以恒。贵在坚持的道理谁都懂，可说起来容易做起来难。在现实生活中，我们经常会这样：下了很大的决心，订了详细的计划去读某书、做某事，可读着读着就停了，做着做着就散了，最终半途而废，以失败收场。尽管只是写反思，不写也不会产生什么恶果。但我们还是应该共同勉励，坚持写下去。也许写着写着，很多教学中的困惑就会迎刃而解，教育的真谛也会在瞬间领悟。

坚持写教学反思，能使自己的教学承前启后，与自己心灵对话，向自己学习，感受自我价值。集腋成裘，聚沙成塔，只要长期坚持，一点一点的小收获或许就会集聚成大成就。苏霍姆林斯基厚重的教育专著也是他一点一点集聚起来的。

孔子云：“学而不思则罔，思而不学则殆。”就让我们做一名善于思考的教师吧。以写促思，以思促教，在教学中总结，在总结中反思，在反思中进步。

# 课改论坛，让教师的思想在碰撞中激活

从教二十多年，每年暑假我都会参加由学校组织的继续教育。在最初的几年，继续教育组织程序相对严谨，参加的教师还可以学到一点专业或其他方面的知识。但最近几年，继续教育流于形式，只是在做样子，很多人只是为了在继续教育证上混个印鉴。

到了环县五中，我深感教师的专业素质和认识都需要提升，校长借鉴课改学校的做法建议把继续教育做实，举办课改论坛。我也有此想法，但论坛做些什么，却使我颇费心思。

2011 年暑假的继续教育，教师们领到公共课本后，杨青副校长安排大家分组撰写下学期教材的导学案，这样上课时直接应用就行了。但三天的时间写完一册导学案，显然是不实际的，结果教师们只应付了一下就了事了。

2012 年寒假的继续教育，根据学校的实际情况，我建议举办课改论坛，校长同意了我的建议。我吸取之前的教训，观察思考了很久，设计了以下几个活动：一是让几个年级盘点本学期工作，彰显成绩，揭摆不足，研究问题，寻求方法，年级主任进行总结，然后大家讨论，谈观点，谈思路；二是安排几个工作做得好的教师撰写经验材料，在大会上交流，我也写了一万多字的工作报告《勇立潮头唱大风》；三是让大家就课改方面和学校工作方面存在的问题敞开言路，谈自己的看法。

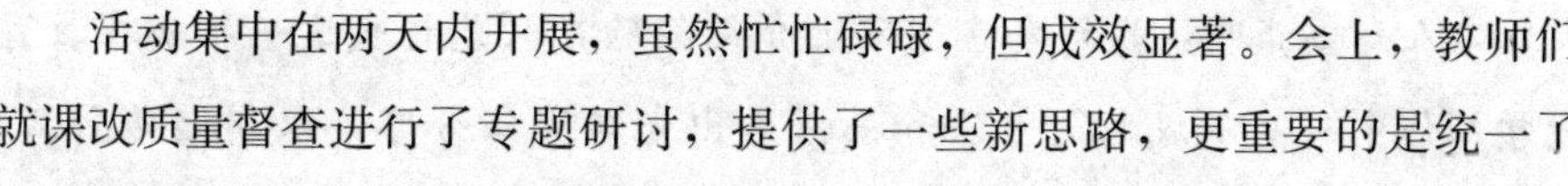

活动集中在两天内开展，虽然忙忙碌碌，但成效显著。会上，教师们就课改质量督查进行了专题研讨，提供了一些新思路，更重要的是统一了大家的思想。

2012 年 7 月，暑假继续教育期间，第二届课改论坛继续进行，老师们分别谈了自己独特的工作方法，如毕春霞老师的“四字真经——威、逼、利、诱”，王绍明老师的“习惯养成法”，龙恒位老师的“班级管理解密”等，受益颇深。

2013 年暑假，第四届课改论坛如期进行。这次，我把论坛的讨论重点放在了课堂的组织与管理方面。这主要是源于高中部分教师对上课睡觉的学生无计可施，部分教师出勤不出功，也有感于部分教师的干练与实效。我认为，高效课堂首先要组织管理好课堂，一个优秀的教师首先要有较高的驾驭课堂的能力。我曾经写过一篇文章《论新课程改革背景下对教师素质的新要求——课堂的组织管理能力》，我想通过这次活动来提升一下教师的课堂组织管理能力。正好，我校第一届初中学生毕业，成绩还说得过去，有几名教师的课堂组织管理很有办法，我就让他们认真总结，并在大会上发言。

由于要统筹考虑全校的教师，每个年级都会有教师代表发言，所以我把初三年级教师的发言安排在最后。我估计他们会讲得很精彩，因为他们有丰富的素材、切身的感受。结果如我所料，初三年级的李占霞、魏素珍、寇正甲、王宝虎等教师在论坛上的发言把论坛推向了高潮。教师们感叹他们发言的精彩、工作的细致。殊不知，刚进校时，他们可是连篇像样的总结、计划都写不好的。

每学期一次的课改论坛实实在在地提升了教师的境界和认识，时间在推移，学校在发展，课改论坛将继续。

以下是寇正甲老师在论坛上的精彩发言。

各位领导、老师，大家好！

今天，我有幸代表初三年级科任教师在这里发言，实属班门弄斧，显得有些高调，而低调做人、高调做事是我的一贯作风，此刻我内心压力很大。本人郑重声明：我的发言谈不上介绍经验，只是将我这一年来在教育教学工作中一些不成熟的做法和感悟讲出来与大家分享，以期抛砖引玉，不妥之处，恳请各位同人多多包涵并批评指正。

一、有压力，才会有动力

当学校安排我担任初三语文教学及班主任工作时，面对领导的信任和学生的期待，我感到了前所未有的压力。因为这是环县五中的第一届毕业生，只能成功，不能失败！其实，这些压力不仅是沉甸甸的责任，更是工作中支持我积极进取、持之以恒的不竭动力。

记得初三第一次月考，我班成绩在460分以上的只有三个学生，全年级前50名没有我班学生，如此的成绩使我汗颜，当时我心中只有一个念头：我既然带不了学生，就不能耽误学生。于是我主动找杨主任，要求辞掉班主任工作，杨主任没有答应。之后我邀请杨主任到我们班给相对优秀和进步的学生颁奖，他很痛快地答应了，并且在颁奖后，做了语重心长的讲话，激励和鼓舞全班学生。事后，班上学生纷纷表示，教务主任能在百忙之中亲自到班里给学生颁奖，开主题班会，这说明学校对他们非常关心，他们一定不会辜负学校的期望，一定会变压力为动力，刻苦学习，迎头赶上。最终，我们班有12名学生被环县一中录取。

二、有梦想，才会有追求

初三学生，十五岁左右，还处在人生的花季，正是求知的黄金时期。如果梦想能在这一时期生根，那么将来一定会开花、结果。因此，我充分利用和学生交流的每一次机会，帮助学生树立自己的梦想。我觉得，只要帮助学生树立了远大的人生梦想，学生就会为梦想而拼搏、努力，再苦再累，当憧憬美好未来时，他们也会紧跟老师的步伐，按照学校的相关要求，严于律己，勤奋学习的。

关于梦想，我们初三（2）班有句响亮的口号：人生因拥有梦想而充实，因实现梦想而精彩。因为梦想，全班学生都很努力，最让我感动的是班上那些觉得考高中没有希望但仍然不放弃学习的学生，如郭讨红、范玲玲、杜瑞环等。最终，班里50名学生全部顺利毕业，拿到了毕业证。

三、有付出，才会有收获

本届初三是我校实施新课程改革以来的第一届毕业生，他们底子差，基础薄弱，就我的语文教学体会而言，尽管新课程改革一路走来历尽艰辛，百倍付出，但却拯救了这些学生。新课程改革倡导的自主、合作、探究等学习理念已流淌入学生的血液之中，植根于他们的骨髓，必将对他们今后的学习和发展产生深远的影响。这批学生能在中考中取得全县第三的成绩就是最好的证明。

说实话，我的语文教学工夫主要花在了初一和初二，从最初的拉桌子、分小组，到去齐家楼中学、杜郎口中学参观学习，再到归来之后的小组建设、新课程改革培训、大胆构建高效课堂，我投入了大量的时间和精力，同时也激发了学生学习语文的浓厚兴趣，培养了他们良好的学习习惯，端正了他们的学习态度。初三这一年我反而觉得比较轻松，每天只是根据教学进度帮助学生明确学习目标，让他们自主学习，而我在课堂上主要是进行点拨、引导、激励、检测。这也许就是前两年的辛勤付出，换来的初三难得的轻闲吧！

借此我想再一次申明：新课程改革如一剂猛药，如果你在传统教学中遇到疑难杂症，就大胆服用，保管药到病除。

四、有非常措施，才会有非常效果

措施一：不断根据学情变换班级誓词。

宣誓，可以明确奋斗目标，激励斗志。而根据学情变换班级誓词可以帮助学生明确阶段性的奋斗目标，有的放矢，积极进取。

第一次月考后，针对学生成绩不理想、偏科严重、情绪低落的学情，我拟定了这样的班级誓词：我非常聪明，我要在老师的教诲下文理并重，勤奋学习，考入理想的高中。

临近寒假，针对部分学生过年心切、学习劲头不足的学情，我拟定了这样的班级誓词：我是鲜花，我要在我的季节里怒放，争奇斗艳；我是虎豹，我要向着目标冲刺，如风奔跑；临近期考，我要闻鸡起舞，挑战自己，挑战对手；新年在即，我要用优异的成绩回报父母，欢度春节。

临近毕业，针对个别学生厌学、浮躁的学情，我拟定了这样的班级誓词：我们只有一鼓作气，一路歌唱，拼搏到底，才能笑傲六月。

措施二：组织学生学唱班歌《相信我们会创造奇迹》。

初三，学生没有了音乐课，我抓住他们特别向往唱歌的心理，组织学生学唱班歌，这既可以让学生释放学习压力，陶冶他们的情操，又能让学生很好地统一认识，形成团结拼搏、勤奋自信的优良班风。

措施三：勤跟班、严要求，全力配合科任教师抓教学。

我只要有空闲时间就围着学生转，发现问题，及时解决，特别是在最后一个月的冲刺时间里，我更是深入课堂，将思想抛锚、睡觉的学生当场叫出教室，动之以情、晓之以理，让其明白不放弃就有希望的道理。同时我和科任教师经常交流，了解学生学习动态，针对个别学生的不好的学习状态，我立即采取适当措施，绝不姑息。越到最后，全班学生越自觉、越努力，最终取得了良好的成绩：我们班语文、物理成绩全年级第一，化学成绩前四个班第一，英语平均成绩比初三（1）班高出5分，数学平均成绩仅比（8）班低1分。面对此成绩，我觉得全班学生的确付出了，也尽力了，这是我目前带过的最可爱的一班学生。

最后，在我校还不被社会完全认可，又在强力推行新课程改革举步维艰之际，我诵读《相信我们会创造奇迹》的歌词与大家分享，作为我发言的结束语。

熙熙攘攘的人海之中
命运让我们相聚
繁华都市的日升日落
映在我们眼底
追求真理的一点一滴
我们不会轻易放弃
相信只要我们在努力
未来将无比绚丽
也许成长的日子里

一路是坎坷荆棘

也许一路的风风雨雨

会溅上满身污泥

请别放弃别灰心

还有我们在这里

露出微笑拿出信心

让荆棘风雨全都过去

我们一起努力

我们永远珍惜

成长岁月里

我们是团结的集体

相信我们会创造奇迹

# 名师是这样炼成的

## ——记任小艾“教师与读书”报告会

2011年10月12日，接环县教育局通知，庆阳市教育局组织了一场课改报告会，张兴斌校长派我和杨青副校长参加。下午两点半，报告会在西峰剧院开始，主讲人是教育部《人民教育》杂志社管理室主任、全国优秀班主任任小艾，报告会由庆阳市教育局局长卢化栋主持，全市各县区学校都有领导参加，剧院里座无虚席。

任小艾，女，1958年出生于北京，1976年高中毕业后留校工作（北京市第119中学），担任语文教师兼班主任。在中学任教17年，有15年班主任工作经验。工作期间，先后就读于北京教育学院中文系、北京师范大学教育科学研究所德育原理专业，曾应邀赴日本、法国、瑞士、香港等地讲学、做学术考察。

任老师首先给教育下了一个定义。什么是教育？古人讲“师者，传道授业解惑也”，任老师的理解是，教育就是在学生心灵深处播种。教育是服务，服务是满足需要，不是强迫灌输。如何播种？任老师认为，一个合格、称职的班主任应该做好三件事。

### 一、要热爱学生

“爱自己的孩子是本能，爱别人的孩子（学生）是神圣。”中学生有三个特点，即好奇心强，模仿能力强，辨别是非的能力弱。这三个特点是每

个人在这一成长阶段必然要出现的生理特征，这些特征使学生容易犯“错误”。教师如何对待学生所犯的“错误”，是扼杀？是棒喝？还是让他们向奴隶一样屈服？任老师认为，教师要有很强的包容能力，要有博大的胸怀，要不，每天和学生“战斗”，都能把自己气死。

宽容地对待别人，就是宽容地对待自己。这种包容就是对学生的爱。爱有三种：夫妻之爱，朋友之爱，博爱。教师对学生的爱就是博爱，像阳光一样无私的爱。任老师说：“我们要首先学会微笑，学会爱，然后才能谈育人。”教师善于微笑，把阳光般的微笑给学生，始终保持良好的教育心态，始终以发自内心的微笑和爱去关心学生，与学生平等对话，就会收到意想不到的教育效果。

教师要了解学生，理解学生。任老师每带一个新班都要做这么几件事：一是家访，掌握学生家庭的第一手资料，了解父母眼中的孩子是什么样子的。在家访中，她坚持的原则是绝不向家长告状。二是和学生谈心，采取学生自愿的方式，她把大门永远向学生敞开着。三是建立学生个人成长档案。十几年下来，她积累的学生的档案超过了她的身高。四是初中生处在人生发展的关键时期，生理、心理上的变化很大，所以对学生进行生理、心理辅导，让学生了解人的生长规律，是她给学生上的必修课，所以她带的班从来没有出现早恋现象。

## 二、要不断学习

一个人的聪明是天生的，而一个人的智慧是后天学习的。一个具有丰富的经验还不断学习的人就是一个卓越的人。

任老师提了这样一个问题让大家思考：“大家想一想，一个不读书的教师每天如何面对一群读书的学生？”读书丰富人生，“给学生一杯水，教师要有一眼长流水”。任老师的很多育人方法都是从书中学来的。教师读什么书？可以读哲学、教育学类书籍，还可以读一些教育家，如中国的陶行知、孔子，古希腊的苏格拉底，法国的卢梭，苏联的苏霍姆林斯基等的论著。现阶段教师还应读什么书？任老师列出了当代中国教师必读的几本书的书单。

1.《美国人是如何培养精英的》，薛涌著。（包括作者相关的书，如《精英的阶梯：美国教育考查》等）

2.《学校与社会·明日之学校》，（美）杜威著。

3.《论语今读》，李泽厚著。（相关的图书包括《道德经》，二者虽然在很多观点上有冲突，但正因其相反，乃可以相成）

4.《窗边的小豆豆》，（日）黑柳彻子著。

5.《沉默的大多数》，王小波著。（相关的图书包括“周国平散文”“余秋雨散文”等）

6.《教师人文读本》（上下）（修订本），张民生、于漪编。

7.《胡适还是鲁迅》，谢泳编。（相关的图书包括《鲁迅全集》《胡适全集》）

8.《教育的理想与信念》，肖川著。（包括作者相关的图书，如《教育的智慧与真情》等）

9.《心理学的故事——源起与演变》，（美）墨顿·亨特著。（相关的书包括（美）罗杰·霍克著的《改变心理学的40项研究》、朱晨海编著的《天平上的心灵——实验心理学的故事》）

优秀的班主任用智慧引领学生。这智慧就是从书中得来的。

任老师最后引用魏书生的经验——每天必须做三件事：读一分钟的书，写一分钟的日记，做一分钟的锻炼——特别强调了一个字“恒”，可能我们每个人一天能够做好多事，比如读书，但要天天坚持读书就有困难，所以每天坚持下去才是关键。

任老师提出一个非常尖锐的问题：我们应该教给学生什么？

她的观点是，教给学生持久的学习能力非常关键，也就是要教给学生学习的方法。她举了两个例子，一个是北京第二十二中学的数学老师孙维刚。孙老师的学生基础都很一般，但他教的学生（从初一到高三）高考时有45%能考入清华北大，55%能考入重点大学。

孙老师认为教数学根本的办法在于提高学生的智力素质，“让不聪明的学生变聪明，让聪明的学生更聪明”。

1983年初，孙老师给他的第一轮实验班立下了班规：不许留长头发，不许穿皮鞋，不许唱庸俗的流行歌曲，男女生不许轻浮地说笑，不开生日晚会，不寄贺年卡。

学生温世强的父亲还保留着1994年1月12日的家长会记录——孙老师：“一如既往，我们要坚持品德第一，学习第二；训练发达的脑子第一，学分第二。”

孙老师给第三轮实验班定的建班方针是，第一，诚实，正派，正直；第二，树立远大理想和宏伟抱负，立志为人民多做贡献；第三，做一个有丰富情感的人，要因为我来到世界上而使别人生活得更幸福。

任老师举的另一个例子是大家熟知的魏书生。魏书生带两个班的语文课，当两个班的班主任，还要到处讲学，他的班级是如何管理的？主要是让班级学生自主管理。魏书生的班里有班规、制度两百多条，但没有一条是班主任制订的，全是学生自己制订的，所以学生自觉遵守。怎么制订的？班里发生一件事就让学生自己讨论，同学们认为该订个什么制度，讨论清楚后，一条制度就这样产生了。

那么，魏书生是如何上课的？任老师说，有一年魏书生到银川体育馆上观摩课，听课的教师有一千多人，面对的学生是他从未接触过的。上课前一天早晨，她问魏书生讲什么内容，魏书生说不知道，到了下午她又问，回答还是不知道。到了临上课前1个小时，她又问，魏书生还是回答不知道。她不禁为魏书生捏了一把汗。

上课时，魏书生什么都没拿，走进了教室。只见他走到学生中间，把课本翻开看了一下，就走到讲台上问学生：“你们觉得学习语文课，什么最难学?”学生齐声回答：“古文。”他说：“魏老师今天给你们上一节古文课，你们看古文难学不难学。”接着他又说：“学古文重点要读课文，怎么读古文呢?”他摇头晃脑地给学生背了一段要学的课文，然后让学生像他那样把课文读一遍。读完以后，他问学生有没有不认识的字，有学生举手。他又问有没有认识这个字的，又有学生举手。于是他就让这个学生给大家讲是怎么认识这个字的，然后引导学生认识生字的办法。解决了字词后，他让学生再次摇头晃脑地读几遍课文，然后问学生课文的意思明白了没有，学生回答："都明白了。"他最后问学生："你们说魏老师上课与你们老师上课的区别是什么?"学生回答："我们老师上课，我们很轻松，老师很辛苦，讲得很卖力，我们听不懂就睡觉了。魏老师上课，老师很轻松，我们很辛苦，但我们都学到了知识。"

魏书生就是这样给学生传授学习方法的。

### 三、善于总结

每个教师要做教育上的有心人，把自己的做法、积累通过撰写论文进行提炼，形成自己的教育管理思想。

任老师结合自己的体会，认为一个名师的成长要经过七个步骤。

第一步，学会调查。调查是什么？就是了解学生。我刚当老师的时候曾经走过一段弯路，于是我发现要调查。我给学生做不记名的调查问卷：你喜欢什么样的老师？你希望老师怎么样给你们讲课？任老师身上最大的优点是什么？最大的缺点是什么？需要改进的是什么？你有什么样的建议？任老师怎么开主题班会、怎么家访、怎么找你谈话你最欢迎？等等。调查完之后，我把它收上来，这就是第一步。

第二步，学会反思。调查之后你要把你了解的情况做一个反思，你的工作中有没有这样的问题？有没有学生反感的问题？有没有需要改进的问题?

第三步，学会改变。你要有所改变，不好的东西不能再坚持了。

第四步，学会创新。创新就是填补你那改变过的东西。比如说，我不请家长了，但是我和家长保持密切的联系。怎么联系？我给每个孩子做了一个家庭学校联系本，每周都和家长保持着密切的联系，在联系过程中我就注意观察，捕捉家长某一点上教育孩子成功的经验，家长会的时候我也不批评、不唱独角戏。我的家长会上有家长讲，有学生讲，有科任老师讲。比如最近春季多发生流行性感冒，我就请一位家长来讲怎么预防流行性感冒，这样的家长会深受大家的欢迎。在经过调查、反思、改进、创新之后，你有可能成为优秀教师，因为你确实做得很优秀了。

第五步，学会总结。总结就是积累写作，把你所做的变成文字。有些老师为什么不会写呢？当你把所做的事情变成文字的时候你就会发现缺少理论的支撑。没有理论支撑的文字不是论文，既不能刊登也不能获奖，只能是一个故事而已。

第六步，学会读书。教书的不读书永远不能进取。所以我提倡一个教师应该终生以书为伴，让读书成为我们的习惯。那我们精力有限，怎么在有限的时间里读对我们有意义的书呢？你就要学会选择。苏联著名教育家苏霍姆林斯基写的《给教师的100条建议》，法国著名教育家、思想家卢梭写的《爱弥儿》，美国著名教育家詹姆斯·多伯森写的《论家政——施爱与管教的艺术》，意大利著名教育家亚米契斯写的《爱的教育》，中国著名教育家陶行知的《陶行知全集》（1—10卷）或《陶行知教育文集》都是很好的书。当你读到一定量的书的时候你就会有质的飞跃。那个时候什么叫“读书破万卷，下笔如有神”你就心领神会了。

第七步，学会提升。提升自我，就是你能把你自己的教育实践和教育理论（读的书）结合起来总结出你独有的教育思想，说到某一个人他有他的教育思想，这就是提升，升华自我。

听完任老师的报告，我的内心情感激荡，这才是教育，才是真正的优秀教师。我想，如果我们每个教师都有她的思想与境界，我们还愁什么呢？

回校后，我整理了笔记，在职工会上汇报了听报告的心得。我想，我的责任就是引领老师们成长成任老师这样的教育家，虽然我是门外汉，但我会努力成为一个行内人，为老师们做好服务。

# 这才是优质课

## ——有感于郭治锋教授的一节示范课

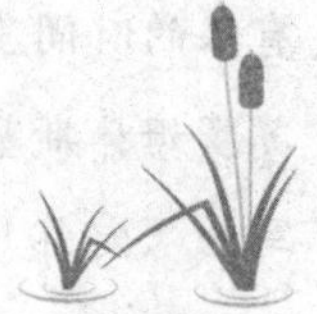

我有一位郭姓表兄，是天水师范学院专门研究基础教育语文课程与教学的副教授，也是省内资深的语文教学论专家（甘肃省教育学会中学语文专业委员会常务理事、学术委员）。2011 年初我邀请他来环县五中，正好与张校长相遇。他和张校长是老熟人，我们便与他相约，希望在方便的时候能来环县五中对我们正在推进的新课程改革做些指导。

虽相距较远，但我们在网络上的联系还算密切，尤其是看了他在 QQ 空间里发表的一系列教育随笔以后，更坚定了我邀请他来我们学校讲学的想法。他很忙，从天水到环县也不容易，所以就一直没跟他做具体的约请。

6 月 7 日早晨，我的 QQ 刚登陆，就看到了他给我的一条留言，说他在西峰，今天要回老家看母亲，顺便也想到县城会会朋友，看我在不在，我便说了我们年初的那个约定。他说可以考虑。我立即给校长做了汇报，校长说机会难得，一定要安排，并指示我尽力促成此事。我们便电话相约，他先回老家看他母亲，第二天早晨来学校，同时我们还大致商定了来学校后的活动内容。

6 月 8 号，郭教授到了学校，与张校长、杨副校长等见面后，我们便按原定计划开始工作。上午，先听两节我校教师的课，然后由郭教授根据前两节的观课情况做一节“下水”课；下午再听两节课，然后举行一个双方互动的座谈会。

这一天的活动我和张校长都全程参加。上午，郭教授听了我校教师的

两节语文课，执教者是寇正甲和贾思勋老师。两位老师讲的都是第25课《短文两篇》（《夸父逐日》和《共工怒触不周山》）。我觉得他们讲得都不错，但感觉还有些美中不足。不足在哪？一时说不出，只好等看了郭教授的课后再比较评判。

大学教授上中学的课，对我们来说是稀罕事，但郭教授说这是他的日常功课。因为他研究的是语文教学，给师范生讲的也是语文教学法，所以他不仅要经常听中小学老师的课，也必须要有自己的“下水”实践，只有这样做了，才能与讲课的教师有真正的交流。他的这种做法，应该说是最为扎实有效的一种指导模式，所以大家都非常欢迎。

听说大学教授要上中学的课，老师们都很兴奋。我心里很担心：他能否上好这节课？万一上不好怎么办？大家都知道，专家、教授等对中小学教学的指导，都是高屋建瓴的理论，现身说法的亲手操作很少。何况他要上的这节课，没有提前做过准备，既没有备课的机会，也没有与学生进行磨合。但担心归担心，我也只能把这种担心藏在心里，怀着紧张的心情和大家一起等待郭教授的“表演”。

《短文两篇》的课文是这样的。

夸父逐日

夸父与日逐走，入日；渴，欲得饮，饮于河、渭；河、渭不足，北饮大泽。未至，道渴而死。弃其杖，化为邓林。

共工怒触不周山

昔者，共工与颛顼争为帝，怒而触不周之山，天柱折，地维绝。天倾西北，故日月星辰移焉；地不满东南，故水潦尘埃归焉。

第一篇短文37字，寇老师上了满满一节课，第二篇短文46字，贾老师也上了一节课。郭教授会怎么上呢？教师、学生坐满了教室，只见郭教授缓步走进教室，向学生鞠了一个躬，然后做自我介绍。学生看见一个陌生老师上课，难免有些好奇，课堂顿时鸦雀无声。

郭教授问学生今天的语文该上哪一课，学生齐声回答：“第25课！”

“请同学们把第25课的题目读一遍。”

“短文两篇！”

“再读一遍!”

“短文两篇!”

“再读一遍!”

有些学生迟疑了，有些学生回答：“短文两篇——夸父逐日、共工怒触不周山!”

“短文两篇是不是课文的题目？我们还学过短文两篇吗？是哪两篇短文?”

学生开始回忆。有学生回答：“上学期学过，是《贝壳》和《蝉》。”

“短文很多很多，为什么要把这两篇放到一起学习，你们思考过没有?”

之后，郭教授翻看了一下学生的课本，问学生预习了没有，学生答：“预习了。”

“预习到什么程度?”

“能够翻译了。”

“这说明你们已经达到学习目的了，让我检查一下。”

他开始了解学生的预习情况，各位老师瞪大了眼睛，看郭教授是如何检查预习的。

郭教授首先请两名学生把主要的字词写出来（黑板展示），同时请其他学生在练习本上也写一下。与学生共同沟通认可后，郭教授又特别要求一名学生读一下“颛顼”这两个字，并说明意思。接下来郭教授又让学生把与“颛顼”有关的一句话“共工与颛顼争为帝”读一下，并进行翻译，然后指出“帝”如何理解。学生七嘴八舌，大多数学生认为“帝”是指皇帝，被否定后又说是指天帝。郭教授在学生争论不休时引导学生理解“帝”的含义，让学生明白“帝”的含义既不是皇帝也不是天帝，而是古代部落联盟首领的尊称，并说明了理由，学生很信服。这一过程在课堂上掀起了一个小小的高潮。郭教授又问学生：“其他字词通过阅读注释都能理解吗?”学生齐声说：“能!”

看到这里，我紧张的心开始放松了，我觉得我的担心是多余的，郭教授完全有能力把这节课上好。

郭教授接着对学生说：“把生字变成熟字，这是我们本节课的学习任务

之一，看来同学们都掌握了，表示祝贺。”然后他又让学生商量一下，本节课还应完成什么任务。各小组经过热烈讨论后认为是翻译，郭教授让学生把书翻到课后“研讨与练习”这一页，进行引导，说：“按照课后‘研讨与练习’的要求，这两篇短文应该背诵，那么，同学们背诵过了吗？现在抽查。”结果没有学生应声。他指名让一位可能背过的学生背《共工怒触不周山》，这名学生背得有些勉强。郭教授让同桌帮忙一起背，结果比较流利地背了下来。郭教授问有没有人愿意挑战这两名同学，再背一遍，结果有不少学生响应。背完后，再问“还有挑战的吗”，还有。背完后郭教授觉得不理想，又让一个小组背，背过后让小组间进行挑战，班里各小组间掀起了背诵比赛。郭教授见好就收，又让全班背，背完后感觉真好！郭教授说：“看来还是人多力量大呀！”瞧，这有利于团结的话说得真是恰到好处。郭教授又问：“有没有哪位同学愿意一人挑战一下全班？”又回到检查背诵的原点了。

这就是教学环节内的照应。

这个背诵引导确实很精彩，特别是运用了切合学生心理特点的一个鼓动性的词——“挑战”。

教学进入第三个环节——了解课文内容。郭教授提问：“这两篇短文告诉我们什么信息？”这是本节课的重点，也是难点。寇老师讲《夸父逐日》时重在对夸父这一人物形象的分析。郭教授则是先引导学生阅读单元及课文导读，再查看注释。“谁了解《山海经》和《淮南子》这两本书写的是什么内容?”有学生回答：“《山海经》是一本地理著作。”郭教授借机对这本书进行介绍，然后引导学生了解《夸父逐日》中讲的是什么地理知识。学生这才明白这篇短文是介绍一座叫作“邓林”的山的来历的。郭教授又进一步引导学生看《共工怒触不周山》的信息，结合课文导读，学生明白了这篇短文讲的是先民对为什么天上的日月星辰都从东南升起向西北落下、为什么地上的大小河流大都自西北向东南流淌的原因的解释。进行到这里，郭教授还进一步讲道，或许再过好多年，西北黄土高原的黄土通过黄河的输送将填满渤海、黄海，一直填到日本去。学生大笑，课堂气氛达到高潮。学生结合自己的地理知识，明白了这两篇短文最初所要表达的真正内容。

我看到，整节课学生很快乐，郭教授很轻松。这不正是新课程改革的要求吗？郭教授在随时教给学生怎样理解课文，也就是学习的方法。我的思维与学生融合在一起了，等待郭教授的进一步引导与点拨。

只听郭教授话锋一转，说道：“但这两篇短文的意义不止于此，我们今天读这样的课文从中所获得的基本信息也不能到此为止，因为文章中有人物，有故事。读者对于文章所记述的夸父、共工这两个人物及其举止怎样看待？文中那种地理解释并不科学，但文章为什么会流传千古并选进我们的课本?”经过郭教授的指点，学生恍然大悟：两则神话传说千百年来一直感动人们的，正是夸父、共工的那种敢于与天地、自然抗争的英雄气概和悲壮精神，而这也正是对先民英勇不屈、百折不挠、敢于面对一切困难和挫折并勇于牺牲的大无畏精神的一种集中概括，也是对中华民族最可宝贵的生命不息、奋斗不止的崇高精神的一种礼赞。经他这样一讲，不只学生，连同我们老师也真正明白了两篇短文的基本内容、真正意义和美学价值。大学教授深厚的人文学养和解读文本的高超功力令听课老师们深深信服。

一堂很让我担心但也让我兴奋的课就这样结束了。我意犹未尽，心情难以平静，寇老师和贾老师的课与郭教授的课在我的脑海中不断交替出现。虽然郭教授一再强调他上的这节课不是“示范课”，只是“下水课”或“研讨课”，但我还是感受到了其中巨大的示范力量，他给我校正在推行的新课程改革解决了很多问题，如一缕清风吹进了我们这个因课改而狂躁、迷茫

的校园，促使我们冷静下来，思考、反思我们的工作。结合当前学校的中心工作，总结起来，这节课对我的启示主要有以下几点。

第一，如何导学？为改变课堂教师主宰或主讲的局面，前几周，学校提出要将教案逐渐转化成导学案，要求教师在课堂上要引导学生学习。经过几周的实践，教师们总觉得“导不好”“不好导”。郭教授在这节课上给我们做了很好的示范：一是教师的角色定位。教师是帮助学生学习的，学生能做的教师不做。教学过程是教师与学生、学生与学生、教师与教材、学生与教材的平等对话。二是在导学过程中给学生一些恰当的鼓励性的语言。本节课用得最多的“挑战”一词就最能激发学生的学习热情。三是教师在导学过程中一定要注重学法的指导，教给学生学习的方法。方法是钥匙，学生只有拥有了学习方法才能获得学习的主动权，才能探究课文中蕴含的精彩智慧。四是点拨一定要准，要到位。点拨不准如隔靴搔痒，而恰当的点拨则能点石成金。五是教师一定要有随机应变的能力。比如，课堂上指名学生背诵，如果学生背不下去就会冷场，就会出现尴尬局面，但郭教授采用了比较灵活、机智的做法，一个背不过两个背，两个背不好一组背，一组背得不理想全班背。既化被动为主动，又活跃了课堂气氛，也解除了学生的尴尬，还达到了教学目的，使全班学生都经历并通过了课文的背诵。

第二，究竟怎样的课才是好课？新课程改革强调课堂教学方式的变革，提出要积极倡导自主、合作、探究的学习方式，很多优秀教师、先进学校也都创立了自己独具特色的课堂教学模式。但真正的好课绝不仅此而已，更不是简单的小组分工和拍手鼓励，还必须有对教学内容的正确把握。郭教授的这节课，在活跃轻松的课堂气氛、灵活多变的教学方式以及学生积极快乐的学习状态之外，还有充实深刻的教学内容——对于两篇短文内涵的把握明显高于一般教师，也高于一般教学参考书，真正把课文最重要的东西教给了学生。在下午的座谈会上，郭教授还讲了一节课应把握的四个“点”：切入点、兴奋点、聚焦点、收束点。其中兴奋点是亮点，聚焦点是重点。一节好课如一篇好文章、一首好乐曲，有主线，有高潮，首尾呼应。这样的课不会平淡，这样的课肯定有激情，学生怎么会疲倦呢？

第三，教师该如何研究教材、如何备课？郭教授的课告诉我们，作为一名语文教师，应该有广博的知识，仅仅局限于教材内容是上不好课的。研究教材和备课可以分成两种：一种是短期备课，就是通常的对教科书、所教课文的研究；另一种是长期备课，即读书学习和对生活的积累与思考。一名教师如果自己不学习，就已经落后于学生了。那如何才能引导学生学习？这其实就是新课程改革强调的教师专业发展的问题。教师教什么要会什么，做什么要熟悉什么，研究语文教学的郭教授把到中学上课当作自己的一项“功课”，那么我们以教学生读书、作文、做人为己任的语文教师，也要把读书、作文以及对生活的观察与思考作为自己的一项日常功课。教师只有把这样的长期备课做好了，对一篇课文的教学才有可能做到得心应手、出神入化、挥洒自如。否则，就只能是习惯性地、被动地完成教学“任务”而已。

第四，敬业、乐业是做好一名教师的必要条件和永远追求。正如下午座谈会结束前张校长总结讲话时所说，这一天的活动，我们不仅看到了郭教授精彩的示范教学，听到了他中肯的指导意见，而且也感受到了他谦逊、执着的作风和精神。一天时间，步履匆匆，听了四节课，上了一节没有“准备”的示范课，开了一个半小时的研讨会，我们都支撑不住了，而郭教授依然精神振奋，兴致不减。为什么会这样？我想这是因为他对自己所从事的工作充满敬重与喜爱，也就是我们平日所讲的敬业与乐业。我们每位教师只要爱自己的职业，爱自己的学生，就会把一切心思用在工作上，就会主动挖空心思寻找教育的“良方”，就会尝试科学的教学方法，就会使自己教得轻松，使学生学得快乐。做好、做实我们学校的一切工作，也需要这样一种精神。

# 走进“圣殿”

## ——杜郎口中学参观记

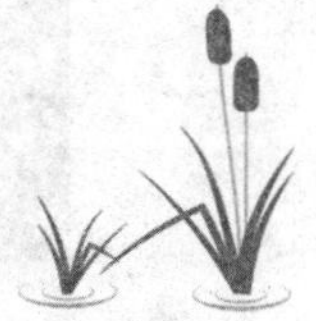

2011年9月24日早上六点，语文组的王宝虎、寇正甲、郭明秀、王丽娜、李晓莉、贾思勋，数学组的慕亮亮、李占霞、王乾鹏、张瀚敏，英语组的张颖、刘彩芸、王绍明、慕桂林、陈贤哲，政治组的胡艳红、张兴玲、刘艳丽，地理组的赵志强、黄瑞岗，历史组的耿春银、王仁伟，物理组的张宏孝、殷建忠，生物组的李芳、刘生辉，体艺组的刘香平、陈静、范述萍、胡巧霞等30名教师乘车从学校出发，经过两天的行程，于25日下午四点抵达山东省聊城市茌平县杜郎口中学进行学习活动考察。杜郎口中学校园绿化得很好，在其南边有一个供电所，其余全是玉米地，“以人为本，关注生命”八个大字在办公楼顶格外显眼。接待我们的是中国教育报刊社在该校设立的办事处的培训干事小杨——一个年轻帅气的小伙子。我们简单地接洽后，一名该校的实习生把我们带到了杜郎口镇上的师苑宾馆休息。

9月26日，天气格外好，我们吃完早餐后步行到校，小杨已经在大门口等候了。他安排我们先看升旗仪式，再到办公楼的一楼会议室参加开班典礼。

杜郎口中学的升旗仪式很令我们震撼。各班学生列队升完旗后，有一个简短的励志表演，由二十几名学生展示梁启超的《少年中国说》，以朗诵为主，辅以表演。学生的精神状态和普通话与专业演员不相上下，这是中学生在表演吗？我在心里问道。在接下来的一天的观摩中，一个个现象都令我们震撼——

镜头一：校园干净尘不染

走进杜郎口中学的校园，绿草成茵，道路如洗，教室、楼道内没有一点纸屑或其他杂物。一个标语牌这样警示："校园：一尘不染，规矩有序。"

镜头二：参观教师比生多

在参观大课间时，操场周围站满了来自全国各地的参观者。我问小杨有多少人，他说有 700 多，和学生人数差不多，明天还要来 120 人。我很惊讶，是什么魅力把大家吸引到这里来的？

镜头三：楼道反馈似画展

走进教学楼门厅，北面的墙壁是一个电子屏，上面滚动着上周教研组的工作反思情况；南面的墙壁及楼道两侧挂的全是每个教师的反思板，每块反思板像一幅画一样展示在我们面前，很是震撼。

镜头四：课堂展示如演员

走进课堂，学生、教师面对众多的观课者熟视无睹，依然按照他们的学习步骤一步步开展课堂学习。在展示时，学生抢着上黑板，声音洪亮，表达流利，表述准确，其自信程度与专业演员登台表演无二，我很惊叹他们能具有这么好的心理素质。

镜头五：校园行走成队列

下课后，有学生上厕所，有班级到实验室、报告厅上课，全部是排成

队列行走，校园中没有乱跑的学生。

镜头六：教师激情像团火

在课堂上，教师讲得不多，而是经常来回走动，穿梭在每个学习小组之间，看看这个，听听那个，适时地插上一句话或进行点拨。下课后，教师没课就到教室观察学生。在每天两次的反馈会上，教师们像学生一样抢着展示，精气神十足。在下午的活动课上，班主任、兴趣小组辅导教师与学生一起参与活动，激情如火。

镜头七：吃饭路上高声诵

放学了，校园中突然响起高亢的朗诵声，我们循着声音望去，原来是各班学生排着整齐的队列，踏着整齐的步伐，高声背诵着经典诗文向餐厅走去，很是壮观。

镜头八：教师个个是专家

起初我们认为杜郎口中学的教师在课堂上讲得很少，能力水平与知识储备可能不怎么样，但听了两个年级主任、三个班主任的报告后，我不禁为自己的想法惭愧，他们的演讲能力以及对业务的精熟程度都是我们无法相比的。杜郎口中学已经有十多位教师出版了教学专著，有三位教师还被教育部聘请为全国新课程改革的专家，真是不可思议！

一天的观摩，让我们的心灵激烈地震荡着，脑海中老想着这样的问题：这样的教学学生累不累？教师累不累？大家对这种高强度、快节奏的工作学习状态由吃惊而疑惑，甚至感到恐惧。

通过进一步的观察、交流，教师们渐渐地认同了杜郎口中学的做法，可以说每个人的思想每时每刻都在发生着变化。

在26日上午，教师培训中心主任杨智伟在开班典礼上向我们解读了杜郎口中学的教学特色“336”模式。下午，崔校长给我们做了杜郎口中学的办学特色与管理特色专题报告，让我们对杜郎口中学的做法有了初步的印象。晚上，我们翻看了培训中心发的资料，特别是《杜郎口旋风》一书。一个晚上我就把这本书的重点内容几乎全部看完了，也对崔校长的创业史有了较为全面的了解。在接下来的几天中，我们进课堂观察，与学生、教师交流，感受他们的班级文化、楼道文化、餐厅文化、校园文化，感悟他们的反思文化，同时还听了他们五位一线教师的现身说法。慢慢地，我对杜郎口中学的做法有了较深层次的认识，他们所做的工作其实可以归结到一个字，就是校园那块石头上刻的那个大大的“实”字。他们的工作方法、工作步骤、工作节奏都是围绕这个字开展的。他们找准了符合人性发展的教育规律，那就是先育人后教书。他们所倡导的“336”课堂模式，就是培养学生的学习主动性与创造性，在当前的社会大环境下，唯有如此，才能跟上时代的步伐。正因为他们找准了教育教学的切入点和最佳路径，他们的做法才能在全国形成“旋风”，这“旋风”才能越刮越大，越刮越远。

# 取经"前景"

## ——记赴江苏昆山前景教育集团学习之旅

### 一

为了进一步推进新课程改革，转变教师的教育理念，学校决定于2012年4月23日组团赴《中国教师报》全国教师培训基地——江苏昆山前景教育集团考察学习。参加此次学习的教师有王丽娜、李晓莉、毕春霞、李宁、王怀森、曹永海、沈健、高武月、张翰敏、郝丽娟、魏素珍、牛志锐、李小霞、李慧芝、苗佳、王绍明、朱彩琴、刘卫丽、高迎霞、龙恒位、杨娟娥、田金鹏、都圆圆、刘永胜、马文梅、王丽、敬瑞红27人，由我与张校长带队。

经过两天的行程，我们来到昆山市。第二天吃过早餐后，昆山前景教育集团接我们的校车已停在了宾馆门前。大家上车后，又经过半个小时的行程来到了昆山前景中学。这是一所私立中学，有三所分校。接待我们的是集团的董事长助理兼校长李晓东——一位四十岁左右的非常干练的女士。她先在二楼的会议室内举行了别开生面的开班仪式。她把教师按照语文、数学、外语及其他学科分成四组，每组推选一名组长，要求每组制订出组名、组规及优秀学员评选标准，然后由组长展示，组员补充，其他小组点评。各组展示完毕后，主持人又请一名学员梁轩毓对各组点评。梁轩毓的点评很精彩，博得了大家热烈的掌声。随后我们参观了他们的大课间，观摩了他们的课堂及教室文化建设，我觉得以下几点值得我们借鉴。

一是升国旗时全体教师列队参加，向国旗致敬，带头做广播操；学生先宣誓，后做操。活动结束后学生列队进入教室，初三学生不参加课间集体活动。

二是班级文化建设有特色。在教室黑板两侧有每位学科教师写的公开承诺，学生签名监督，加强了师生间的互动。每个班级的黑板上都划出一小部分，用来设计课题、课型、学法、学习目标，由科任教师填写。

三是每个年级、每个班均设有颁奖台，奖项根据教学组织管理需要设定，评选周冠军，月冠军，学期、学年总冠军，完全仿照中央电视台《星光大道》的操作模式进行。在课堂的小组展示过程中，教师在一侧记录学生展示过程中的发言情况、存在的问题，以及优秀小组及组员名单。在黑板上有“阳光小组”评价积分表，甲组的发言展示情况由乙组评价，教师和其他同学监督，以此类推。评价结果由课代表负责记录管理，周末汇总；小组长记录本组组员的课堂表现，周末写出评价。

四是教师给每个学生印发了导学案，学生依据导学案，在课堂上分别展开独学、对学、群学，然后进行课堂展示。课堂展示灵活多样，有面向全班学生的展示，也有小组内展示，根据需要采取不同的展示方式，做到了不浪费学生的时间。

我发现，学生在课堂上很开心，小组建设搞得不错，每个小组都有明确的学习目标和任务，小组活动活而不乱。

午餐后，我们又参加了昆山前景中学教师的集体备课。他们的集体备课实质就是一个小研讨会，同学科组的教师可以对某一课谈自己的观点和看法。

下午一点钟，李校长给我们做专题报告《走进昆山》。在开讲之前，李校长要求各组组长把大家的困惑整理一下，为互动做好准备。

三个小时的讲解，我觉得李校长总结、提炼得很到位，也很有创意，其主要特点是用企业精神打造新课程改革。

一是设想很大胆，在推行新课程改革之际，他们就大胆加入中国名校共同体。也就是说，未成为名校之前就先把自己定位成名校。

二是“三环五步”课堂教学模式在全校推广应用过程中，他们把执行力放在首位，谋划在前，落实在后，发现问题，解决问题。

三是理论建设全面、充分。

李校长对每个阶段的讲解很有逻辑性和指导性，按照主要做法、存在的问题、解决的办法的思路讲解，学员很容易理解、接受。

结合以上感受，我觉得我校的一些做法还比较保守，在课改程序上是先探索，后总结，而不是昆山前景中学的谋划在先，实施在后；在管理上做得还不精细，特别是在制度和理论建设上。

四点半，我校教师与李校长进行了互动，李校长为我校教师解答了困惑，让大家从思想上认同了昆山前景中学的课改做法。

从李校长的报告中我们了解到，昆山前景中学的理论研讨取得了四个创新：一是太阳系说；二是“三环五步”教学模式；三是“一拖 N”教学模式；四是对教师、学生的激励措施依照央视《星光大道》的做法，在解说词中应用了“菜单”等时髦语言，很有时代感。

初到昆山前景中学，我感觉他们的课改操作得并不是很到位，但听了李校长的解读后，我觉得他们还是有自己独特的办学思想的。

后来，我们到昆山前景中学的另一个校区吃饭，之后再次参观了他们的校园，更加觉得有特色，与学生的心理需求非常贴近，他们的校园文化以儿童剧为旗帜，引领学生的精神追求。

回到宾馆，我们召开了座谈会，几个备课组长提出希望多与他们的教师交流，解答自己的一些疑惑；曹主任给每个教师分配了任务，我谈了自己一天的体会，张校长也谈了自己的感受，并做了学习要求和方法指导。

一天下来，虽没有在杜郎口中学那么令人兴奋，让人震撼，但昆山前景中学的很多管理理念和做法着实令我敬佩。其他细节还等待明天的进一步探索。

## 二

第二天，我们到昆山教育集团的蓬朗校区参观学习。早晨空气清新，风和日丽，让人觉得很惬意。来到学校，我们就被在校园中活动的学生吸引，他们有打篮球的，有跳绳的，有练习立定跳远的，有踢毽子的，有打羽毛球的，有跳方格子的，等等。在课间，学生的活动是无组织、有秩序的。学校把校园中能够利用的地方全部规划成了活动场地，游戏种类繁多，所以课间很少有学生追逐打闹的现象。这体现了新课程改革的理念，以活动促进学生的身心发展。

随着进一步的深入观察，我发现他们学校的班级文化也富有特色，主要体现为情趣化和条理化。情趣化表现在班级和小组的命名上，如牛顿班、剑桥班、竹石班、轻松班，等等。条理化表现在班级管理和教师导学上，他们的小组学习程序呈现出一种条理清晰、任务明确、责任到人的状态。

从上午八点半开始，我校教师被安排听两节初二年级的公开课。课堂上，学生的组织性都很强，小组长和课代表在课堂中的作用很大。如何把小组建设做到这个程度，是值得我们研究、探讨的内容之一。

课间休息时，我们的数学组教师讨论得非常热烈，也有深度，增强了我们的新课程改革必定成功的信念。

十点半，两节课观摩完毕，基地的培训教师先带我们到开发区校区用午餐。吃完午餐，我在他们这个校区的校园中散步，品味了一下该校区的文化氛围，我再一次被他们精细的活动设计所感动。在两排教室之间的一

个小广场上，他们设计了“星光大道剧场”，一些学生正在玩其中的游戏，很快乐，很悠闲。学生利用课间和午休时间做游戏、演节目，既锻炼了自己，又避免了无事可干、乱追乱闹。我想，结合学生在课堂上的精彩表现，我校在小组任务分配和学生课间活动方面也可以做一些细化，把课堂和课外活动丰富起来。

中午我们与李校长合影留念，大家都兴趣盎然。学生在校园中嬉戏，显得悠闲、轻松，校园中充满了和谐、安逸的气息，这使我想起了昨天李校长讲的自然之道。他们提出太阳系说，让每个员工定好自己的位置，把握好自己的轨道，做好自己的事，体现了道家的无为思想。“无为而无不为”乃管理之大道、至道，昆山前景中学在管理上的很多做法值得我们研究与借鉴。这所学校与杜郎口中学采用的是完全不同的管理思路，体现了人性、人文与和谐。

下午一点，在开发区校区，由欧阳海平校长主持，对我们进行“团队建设和高效课堂操作技法”体验式培训。培训用了三个多小时，我们按照昨天的分组参与活动，组长引领，组员参与，组组互评，教师拔高点评。通过三个小时的活动，大家清楚了如何构建学习小组、如何培养小组长、如何调动各组员的积极性。这种模式我们回校以后可以直接套用。

最后，我们还与该校的教师进行了交流，对一些困惑进行了探讨。通过一天的观察、参与活动，我愈发佩服昆山前景教育集团的决策者和践行者，他们把一些事做得很精细，如教师培训、校园文化等。

我在想，我校的新课程改革已经推行了一段时间，限于人力，限于我们的认知水平，虽然在操作层面上我们取得了一些成绩，但在理论方面上还是一片空白，还需要我们继续努力。

## 三

今天是来昆山前景中学的第三天，早上七点四十，我们到达开发区校区，观摩了他们的反思会。首先是一名女教师反思了家长开放日的情况，她以两名学生打架为案例，贯穿整个家长会，展示了他们处理学生间纠纷的办法，即大事化小，小事化了。随后，一名英语教师展示了导学案的编写方法，我们又听了数学教师的一节课，大家对导学案的编写也进行了反思。被评数学教师反思的是对学困生应降低标准，给予他们积极的鼓励。另一名男教师对家长会情况进行了反思，认为教师应尽可能给学生以土壤、空气和水分，让学生在课堂上“发芽”。通过反思会，我们可以看出他们学校的教师很会鼓励学生。

个人反思结束后，各学科组又讨论了一些问题。接着安排我们听课，按照语文、数学、外语不同科目，我们教师被分成三个组分别去听课，我去了英语组。英语教师的课堂导学完整地阐释了前一天下午的小组构建体验式培训的内容。而最令我振奋的是，这次观课解答了我们在新课程改革初期遇到的很多问题，特别是小组建设问题、调动学生积极性的问题。该校的做法是在每个小组设计组旗、群星榜，评选进步之星、质疑之星、点评之星、学习之星、纠错之星、展示之星、记忆之星、好学之星、奉献之星、守纪之星、服务之星、挑战之星、勇气之星、组织之星，等等。通过群星榜，肯定了每一个学生的优点，调动了学生的学习积极性，小组之间的积分竞赛也激发了学生的竞技性。

从今天观察到的很多细节中，我感到这些经验和做法对我校的新课程改革很有指导性，昆山前景中学为我们诠释了什么是真正的以人为本。

人是有个性的，而我们的教育善于把有个性的、有差异的人按照一种模式、一个标准进行加工，符合这个标准的就是好学生，否则就是差生，这是很可悲的。遗憾的是我们的很多教育者就是这样做的。前景教育集团

以遵循自然之道为教育理念，认为一切事物都应遵循自然规律，教育更是如此。早在两千多年前，中国教育的祖师爷、儒家学派的创始人孔子就提出了因材施教、有教无类的思想，这不就是自然之道吗？老子在《道德经》里提出“无为而无不为”的思想，也符合自然之道，“无为”就是不强迫大家干什么，但每个人都有自己的岗位，有自己的职责，每个人只要把自己的事做好就行了。种地的农民知道什么时候耕地、什么时候播种、什么时候除草、什么时候施肥、什么时候收割、什么时候打碾，没有人强迫他去做，但他自己会去做，而且知道如何做能够取得最佳结果，这就是“无为”。只要人人像种地的农民一样把本职工作做好了，就达到了有为，也就达到了我们的管理目的。结合当前学生所受的家庭教育的状况和学生的认知观、价值观，我们再一味地硬性要求学生怎么做已经不适应时代发展的要求了。我们要做的是最大限度地为教师的发展创建平台，让教师能发挥自己的特长，尽到自己的职责；为学生的个性发展创建平台，让学生按照自己的个性和特长成长，这样学校就能达到“无不为”。

下午，学校对我们进行导学案编写辅导，由他们学校的两名教师组织、参与，第一位教师从理论层面进行讲解，第二位教师采取游戏体验的方式对学员进行培训，增强了学员的感性认识。

无论是昨天的小组建设培训，还是今天下午的导学案编写培训，都对我们的教师很有帮助。我觉得这次的考察学习让我们收获很多，确实不虚此行。

# “校长，你准备好了吗？”

## ——记第六届课改校长成长公益工程活动

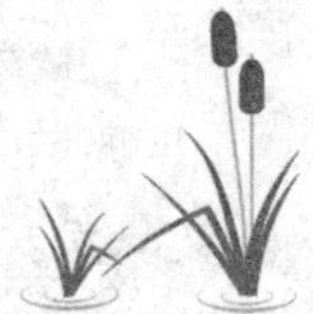

### 一

应《中国教师报》全国教师培训基地杨智伟的邀请，我与校长赴山东济南参加《中国教师报》全国教师培训基地举办的全国高效课堂“新九大范式”发布会暨第六届新课程改革校长成长公益工程活动。活动时间定在3月30日、31日，为期两天。

30日早晨，一出门，春雨簌簌地下着，八点半将举行活动开幕式，于是我们急急忙忙地赶往会议举办地。玉泉森信酒店四楼偌大的会议室里挤满了人，据主持人讲，参加这次会议的有400多人。会议室的主席台中间

悬挂着会议名称条幅，左边有一幅招贴画，写着“校长，你准备好了吗?”右边有一块大显示屏，是新浪微博直播用的。会场的后墙上悬挂着一条横幅“课改聚义、搂抱发展、相互借道、共同成长，做影响未来的‘践行者’”，横幅下面是“新九大范式”学校的招贴画，分别是陕西省宜川中学“三环节导学式”自主课堂教学模式，江苏省昆山前景学校“一拖N组合课堂”，山西省阳泉第十二中学“三段五环节”课堂教学模式，河北省唐山市第六十八中学“动力课堂”，湖北省荆州市北门中学“生本·自主”高效课堂教学模式，河北省沧州市派尼学校“自然课堂”，安徽省泗县灵童学校“童本课堂”教学模式，广东省广州市第八十中学“生态课堂”教学模式，山东省德州跃华学校“单元整体教学”模式。

会议有七项议程：一是奏国歌，二是参会领导、嘉宾介绍，三是《中国教师报》全国教师培训中心主任陈立致开幕词，四是《中国教师报》编辑部主任李炳亭致辞，五是“新九大范式”学校授牌仪式，六是山东文艺出版社“教育发现书系”顾问聘请仪式，七是《中国教师报》全国教师培训基地课程中心的刘爱军老师做组织建设与问题聚焦培训。“新九大范式”学校有颁奖词、学校介绍专题片和校长获奖感言，从中我们了解到，大家在新课程改革这条路上走得都很不容易，最可贵的精神在于执着，在于敢于超越、永不满足，在于把握住了新课程改革的正确方向。刘老师的培训是一种体验式培训，他把与会人员分成四个大组、若干个小组开展培训活动。刚开始大家还有些拘束，后来在刘老师的引导下大家消除了拘谨，都积极地参与到了活动中。我想，这其实就是一种理念上的渗透，心动不如行动，只有行动了才能发现问题、研究问题、解决问题，才能进一步推进改革。

下午的培训从一点半开始，我们走进会议室时看见两组选手正在激烈地辩论。辩论的主题是“新课程改革过程中教师发挥什么作用”，正反两方的辩论都很精彩。辩论结束后，主持人介绍说这是《中国教师报》全国教师培训基地打造的河北挥公实验中学的学生进行的展示，这是主办方在用自己的办学业绩来说明他们的新课程改革思想。之后，挥公实验中学的校长张海晨讲解了他们学校的办学理念和做法。

下午最精彩的活动是校长论坛。主持人是陈立主任，参与讨论者是“新九大范式”学校的“掌门人”。论坛以沙龙形式，围绕新课程改革的热点、难点进行讨论，这几位校长从不同层面谈了自己对新课程改革的理解和做法，对与会者有很大的启迪。

## 二

第二天早晨，我起来后去吃早餐，走到半路才发现没有带早餐券。返回房间寻找时，无意间发现房间的墙上有一个十厘米宽的玻璃装饰，上面有“刘国梁先生于 1995 年 9 月 28 日下榻此房间”字样。我环视房间，又发现墙上有六张刘国梁打球的照片。这引起了我对这家酒店文化的注意，才发现这家酒店是一家乒乓球主题酒店，曾接待过多名乒乓球名将。本次活动的组织者选择这样的酒店“课改聚义”，还真有点意思。

上午主要进行两项活动。第一项活动是由唐山市第六十八中学的四名教师演示解说他们学校现在操作的“动力课堂”的一部分——小组合作，然后由他们的副校长详细阐释他们学校新课程改革的思想、管理、评价及操作技术。我觉得他们学校的操作及管理都很到位，他们的新课程改革团队被《中国教师报》全国教师培训基地称作“课改铁军”。从夏校长的讲解及制作的课件看，唐山市第六十八中学的新课程改革确有独到之处，他们的做法不同于杜郎口中学，却也取得了不菲的成绩。将来如果有机会，我们的教师应该去这所学校看看。

第二项活动是由陈立主任做《如何实现学校教育困境突围》的报告。陈主任又一次阐释了她的教育思想——要办“人”的教育，教师应该保护学生、丰富学生、发展学生。同时，她解读了新课程改革要做的五个步骤：梳理一个意识（保护未成年人的意识），两种关系（讲与教的关系、听与学的关系），三个工具（导学案、小组建设、管理评价），四种认知（对教育的认知、对教学的认知、对学生的认知、对学科的认知），五个步骤（五步三查）。这个问题在她去我校时讲过，但这次讲解得更透彻一些，特别是对“三查”的认识：一查目标认同，二查问题梳理，三查学习效果（当堂检测）。

上午的培训让我们在导学案、小组建设、管理评价方面开阔了思路，尤其是在管理评价方面。我校的新课程改革进行到现阶段，需要解决的矛盾和问题很多，校长表示我校要尽快建立我校师生的激励机制，完善我们的管理。另外，通过培训，我认识到了培训的重要性，要让教师领会新课程改革思想，必须对教师进行培训，只有教师完全认同了，才能有效落实。在初三年级的复习阶段，我将采取一些方法验证这一理念。

下午的培训由课程中心的刘爱军老师主持，主要是解决昨天中午大家提出的课堂教学、文化建设、小组建设和管理制度四个方面的问题。刘老师把四个大组的问题综合了一下，每个组保留三个问题，把这三个问题分给各大组内的小组进行讨论，各小组讨论后再在大组中进行评议，评议出相对科学的答案向全体学员展示，展示后同组补充评价。各项问题解答完后，刘老师又进行了总结。

为期两天的培训结束了。听说，这次活动的策划者和组织者每天晚上要工作到凌晨四点，休息三个小时后又要投入到白天的工作中，这种精神、干劲实在让人钦佩。同时我们也看到了参会同人的执着和投入，他们在所有场所谈的都是新课程改革。我想，有这么多的战友在圆自己的课改梦，还有越来越多的人不断加入这个团队，那么，我们的强国梦也将不再只是个梦，因为有这样一批人正在做着改变祖国未来的大事业。

课堂教学探索篇

# “四课”递进，打造精彩的学习课堂

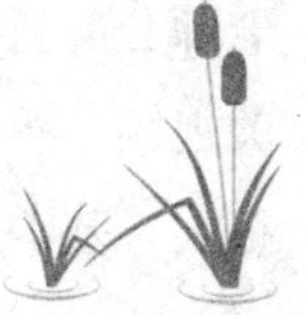

杜郎口中学考察学习归来，我们立即进入了课改的实战演练。

根据班额、学生、教师的实际情况，学校首先进行了为期一周的学情调研。这次活动采取的是捆绑式研究法。以往我们的教师只关注自己的课堂，课上得不好，就抱怨学生。捆绑式调研要求班主任坐班听本班其他教师上课，观察学生存在的问题；科任教师深入自己所带班级的其他学科，观察学生在其他课堂上的表现。这样做的好处是，通过比较，教师能发现自己的不足，班主任能发现班级管理上的漏洞，对于班级共性的问题，班主任与科任教师可以共同研究解决。经过一周扎实的调研，教师们找出了推行新课程改革的阻力所在：从教师层面来说，教师在导学设计上下的功夫不够，没有教会学生该怎么做；从学生层面来说，学生不敢表现，胆小，在小组活动中不知道该做些什么。针对这些问题，学校要求教师刻苦钻研杜郎口中学的教学模式，认真设计导学案，同时抓紧培训学生，结合观看从杜郎口中学带回来的视频，指导学生从每一个环节做起，如怎么预习、怎么展示、怎么总结，小组间怎么合作、怎么分工，等等。为了推动这一项工作，学校要求每个教师每节课后写一篇课后反思，每周写一篇工作反思，张贴在办公室，互相观摩学习。学生每天晚自习最后十分钟进行反思，大课间最后五分钟进行才艺表演，每周一举办国旗下的讲话，还给每个班印发了课堂展示歌，多方位搭建平台，锻炼学生。在大家的共同努力下，课堂逐渐出现了变化。数学教师慕亮亮走在了其他教师的前面，政治教师胡艳红、语文教师郭明秀紧跟其后。学校抓住典型，号召全体教师观摩这三位教师的课堂，渐渐地，大家都亦步亦趋，开始采用杜郎口中学的教学模式上课。

经过几周的尝试和研究，大家发现这样下去不行，靠每个教师自己摸索，很费力，效果也不好。于是学校选择了几位理念新、操作比较到位的教师专门研究策划，制订具体的实施步骤，然后集中两天时间把所有科任老师分配到各班对学生进行培训。各班轮流观看杜郎口中学学生课堂的相关视频，然后组织学生讨论，指导学生操作。经过两天的培训，学生收获很大，基本上知道了课堂上的每一个环节该怎么做。

接着，学校又以班级、学科组为单位对每个教师展开会诊。一节课下来，对教师的教鞭、粉笔的使用、口头表达、站姿站态，以及课堂环节、导学要点、点评技巧等二十几项指标进行评价，只谈不足，不讲优点。一周下来，22 名教师全部被诊断过，我们发现，在诊断教师的同时，学生进步也很快。

会诊课后，根据每个教师的实际情况，学校要求他们利用一周的时间进行自我完善。之后，又开展了过关课。这个环节对教师的课堂教学要求较高，每个学科都研究制订了课堂流程、目标要求、导学要点、学生活动等，要求英语、数学学科的教师课堂指导、讲授时间不能超过 15 分钟，其他学科不能超过 10 分钟。与此同时，对学生的预习笔记、课后反思也进行检查，并设计了新课程改革教情、学情调查表，对学生提出的问题进行沟通和改进。这一轮过关课下来，大多数教师能熟练地运用新课程改革模式进行教学，特别是学生的课堂展示能力明显提高，课堂气氛十分活跃。学生的潜能被激发出来了，教师的潜能也被激发出来了，从教师写的工作反思可以看出大家的辛苦和收获。有教师说他们正在重生，也有教师说他们在进行裂变。教学相长在这一阶段非常明显。

经过两个月的实践，新课程改革终于在环县五中开花了，且开得灿烂，开得五彩缤纷。寇正甲、王宝虎、魏素珍、慕亮亮、胡艳红、张颖、刘彩芸、赵志强、李芳、耿春银等教师脱颖而出，一节节精彩的课堂令观课者难以忘怀。12 月 6 日至 10 日，上述几位教师面向全校上了公开课，观课教

师都惊叹于初二学生在课堂上的表现，这种惊叹使我们想起了初见齐家楼课堂的情景。

新课程改革使学生变了，彻底地变了！

第一个变化，笔记多了，作业少了，这是学习程序发生的变化。与传统的教学模式相比，新课程改革一个最大的转变就是变课后作业为课前预习笔记。课前预习笔记是对教材的过滤，通过整理预习笔记，学生不会的知识点凸显出来了，在课堂上与同学研究，听老师讲解，做到了听课时有备而来，也避免了课后作业的重复劳动。每个学科都有预习笔记，而且采用红蓝两色笔来整理，不会的、不懂的用红笔记录，等待课堂解决，自己能解决的用蓝笔标记。扎实的预习笔记提高了学生的自学能力，也为学生自主探究知识创设了平台。预习在教师的监督下进行，学生没有机会偷懒，促使学生都参与到了学习中，课堂上睡觉、玩耍的学生就不存在了。通过预习、课堂探讨、教师讲解，学生当堂就能完成学习任务，所以也就不必再布置课后作业了。这其实就是作业的前置。现在除语文、数字、英语有适量的课后作业，其他学科的练习全部当堂完成，这体现了新课程改革的优越性。

第二个变化，课堂忙了，课后闲了，这体现了新课程改革的时效性。传统的课堂主要以学生听教师讲为主，一节课的大多数时间由教师掌控，学生自主学习的时间很有限。所以教师很累，学生很悠闲。课后，教师会布置许多作业，因此经常还要与不做作业、不交作业的学生“斗争”，还要熬夜批改作业。课后本应是学生休息娱乐的时间，却被作业所累，为作业而苦恼。仔细想来，这也是传统教育的一大误区。教师、学生做了不少无用功，有些知识学生本来就会，教师还要苦口婆心地讲；有些知识需要实践，学生却无法实践，再讲也不会。教师应该教给学生探究知识的方法，而不是硬把知识灌输给学生。学生不主动学习，知识再渊博的教师也无法让学生提高学习效率。

在新课程改革的课堂上，学生忙于自学、讨论，忙于把自己的收获展示出来，忙于观察、倾听其他学生的学习感悟，忙于创新，忙于思考，哪有工夫睡觉。在小组互助学习的过程中，小组与小组之间、小组内部都是竞争对手，谁的速度慢，自我表现的机会就会被他人抢去，所以每个学生都格外卖力，格外投入。在课堂上完成了学习任务，课后就没有作业可做，学生当然悠闲了。

第三个变化，敢张口了，能质疑了，这是学生内在素质的最大变化。之前不论是高分学生还是低分学生，见了陌生人都不敢说话，不愿意说话，担心被别人笑话，显得非常怯懦，其实学生也想张口说话，但总是没有机会锻炼，因为说话的机会被教师占去了。新课程改革后的课堂小组讨论、学习成果展示、学生评价、补充环节给学生提供了锻炼的机会。我们倡导学生教学生，所以有些环节可由学生代替教师讲解。学生讲解时，其他学生听得非常认真，在倾听的时候，由于是平等关系，对学生的讲解可以质疑、补充，培养学生仔细倾听的习惯、思考的习惯及主动学习的习惯。

我们还把文艺表演引入课堂，要求学生每节课要根据课堂内容进行总结，展示方式可以采取文艺表演等形式。目前学生能做到的有唱歌、小品、相声、快板、朗诵、双簧、课本剧等。这既锻炼了学生听、说、读、写、演的能力，又增加了学生的学习兴趣。学生把自己创作的“作品”向其他学生展示，得到其他学生的认可后会获得快乐，其他学生在欣赏别人的学习成果的同时也得到了快乐，有了快乐就有了兴趣，有了兴趣，学习就有了动力。从近期学生的表现看，大多数学生都能勇敢表达自己的观点了。有些学生纠错能力很强，不但勇于质疑同学的答案，还质疑教师的答案。在慕亮亮老师上的一节数学课上，一名学生解完一道题后，其他学生连续质疑，最后探讨出了五种解法。课后慕老师感慨地说，他也没有想到这道题有这么多解法。

质疑，可以训练学生的发散性思维。课堂生成的学习成果都是发散思维的结果。如寇正甲老师执教《大自然的语言》一课时，一组学生把课文结构用大括弧的形式梳理了出来，这是常见的一种做法，而另一组学生把课文结构用一棵大树表示出来，树干是课题，树冠分四个部分，每一部分代表课文的一个部分，直观形象，很有创意。这节课课堂容量很大，都是学生在交流展示自己的学习成果。在处理课后练习时，作业要求根据课文所学知识，理解白居易的一首诗《大林寺桃花》，四名学生合作对这首诗进行了赏析展示，讲解的学生配以形象的图画来说明气候、纬度对桃花开放的影响，生动具体，令人难忘。另外，在课后的反馈中，有一名学生用快板的形式、两名学生用朗读的形式、两名学生用小品的形式、六名学生用散文诗的形式进行了总结展示，真是高潮迭起，精彩纷呈。观摩这样的课就像欣赏一场精彩的音乐盛会。课上学生的生成很多，这说明教师的引导是成功的，学生收获很大。

第四个变化，胆子大了，能力强了，这是新课程改革给学生外在技能方面带来的最大收获。初二（2）班的学生比较内向，在实施新课程改革前，科任教师都反应这个班的学生不好调动。然而，政治教师胡艳红的一节课让听课的领导感受颇深，我还写了一首小诗把过程记了下来。

都说（2）班难调动，小胡课堂寻突破。
课前演练先热身，温馨提示来鼓励。
朗诵抢答情景剧，歌声掌声欢笑声。
莫把借口推学生，导学设计要精细。

学生展示不好，参与活动不积极是教师没有引导好的缘故。后来又观摩了初二（2）班语文教师的几节课，学生的展示都非常精彩，并且这个班的快板表演已经有了一定的成就，学生不但人人会说，而且快板词写得也不错。比如，在学了文言文《湖心亭看雪》后，张有前同学写下了下面的感言。

西湖美景腊月天，白雪皑皑成一片。
明末清初有张岱，带着火炉来看雪。
到了西湖亭子边，看见两人铺毡坐。
童子烧酒炉正沸，见张大喜拉同饮。
张强饮三而道别，问其姓氏是什么。
……
别看本文写雪景，背后壮志惊天地。
作者虽隐山林间，以景抒情写本文。

从这段感言中可以看出学生对课文的理解有多么深。

在各个班级的课堂上，学生都有明显的进步，都敢于到黑板前面阐述自己的观点。在观课过程中，我们从学生的点评和教师的评价中了解到，一些很优秀的学生原来都是潜能生或胆小生。

课本剧可以检验学生对课文的理解程度，学生根据教材内容编排一个形象的课本剧，把抽象的文字变成形象的表演，难度可想而知。然而，不管哪个学科，学生都能编出课本剧。再如，初二（2）班的语文课《湖心亭看雪》，有一个小组的学生就把课文的情节全部展演了出来，形象生动，加深了其他学生对课文的理解。

新课程改革提高了学生的总结能力，有些学生的课堂总结很到位，很有水平，如魏素珍老师给初二（7）班教学“积的乘方”后，郑健妮同学写下了一首诗。

交换律与结合律，
对于乘方都成立。
积的乘方乘方积，
计算一点不费力。

“积的乘方乘方积”，总结得多好！

学生能力的提高还反映在创新方面。比如，在李芳老师的生物课上，学生能够根据细菌和真菌的用途升华到哲学高度，用辩证法一分为二地看待问题；在黄瑞刚老师的地理课上，学生学完“中国的自然资源”后，写出一副对联——“保护环境，人人有责；循环利用，减少浪费”作为本课的结束；王宝虎老师在执教郦道元的《三峡》时，有个学生扮成郦道元进行自我介绍；郭明秀老师执教《陋室铭》后，学生仿写了《班级铭》《师生铭》《同学铭》……

新课程改革让学生更加自信，初二（7）班的李超、韩泽凡同学在墙报上写了一首藏头诗：

观五中学生品学兼优，神采飞扬
看五中老师才高八斗，气宇轩昂
五星红旗照耀校园，誓言传响
中学的楷模，环江的骄子——五中
新课程改革，新思维，新气象，学生激情高涨
未来一片光明，前途无量
来看我校新面貌，威震八方。

诗写得很有气势，也很昂扬，从中可以看出新课程改革给学生带来的快乐和自信。这七句诗的第一个字连起来读就是“观看五中新未来”。

新课程改革不但使学生能力提升，更使师生关系融洽。张兴铃老师写的一篇课后日记，反映了学生的巨大变化。

今天下午的两节课收获很大，我执教的是《我爱我师，我知我师》，一开始课堂气氛有点沉闷，后来我索性放开，把题目简单化了。学生积极发言，表达流畅，下面是我可爱的学生的原创作品。

这是一个学习小组 8 名学生的合作成果。

1 号张思琪：每个老师都是优秀的老师。

2 号李蓉：因为他们给予我们知识和快乐。

3 号王振李：每个老师都爱他们的学生。

4 号苏晓东：因为我们就像他们的孩子一样。

5 号李继梅：每个学生都爱他们的老师。

6 号慕金辰：因为老师心中扛着知识的旗帜。

7 号姚磊：老师是我们遮荫的大树。

8 号龚婷：我们是大树下幼嫩的小苗。

齐声：老师，我们爱您！

初二（5）班的魏娜自编自唱了一首歌，很有节奏，原以为是她套用别人的曲调自己填的词，询问后才知道是她自己谱的曲、作的词。以下是我抄录的歌词。

老师，您辛苦了，您是我们的良师，也是我们最真挚的朋友，我们和老师心相印，情相容。我们一起快乐学习，更快地进步。要问谁最辛苦，那就是我们敬爱的老师。

还有温玉环同学讲述的他们英语老师的故事，讲得真切感人，我和同学们很受感动。

第五个变化，矛盾少了，关系好了，这是新课程改革后学生道德品质最明显的进步。新课程改革的小组合作学习、学习成果分享交流、互相纠错补充都要求学生之间要团结合作。在合作过程中，我们惊奇地发现，告状的学生没有了。这主要是因为我们在课堂教学中不同程度地渗透了德育，每周两节的政治课就像是德育现场会。在胡艳红老师上完“礼貌显魅力”一课后，初二（4）班的李彩莲同学写了一段快板词。

五中学子真是棒，懂得礼貌讲文明。
道德修养魅力大，人人都需来自重。
礼貌用语是关键，文明道德最重要。
礼貌对人我先来，希望同学记心间。

另一组学生结合学校实际编了一篇《经典礼貌三句半》，兹录如下。

我们四人台上站，
要把礼仪常规谈，
你还别嫌我麻烦，
往这看。
自尊自爱重仪表，
诚实守信讲礼貌，
遵规守纪勤学习，
很重要。
尊敬国旗要肃立，
高唱国歌要整齐，
班训呼号要响亮，
敬礼！

同学之间要尊重，
互帮互助树新风，
不打架来不骂人，
讲文明。
校园内外不乱跑，
自觉排队往右靠，
危险游戏我不做，
别忘记。
预备铃响进教室，
课本文具摆放好，
不吵不闹坐端正，
真安静。
礼仪教育搞得好，
好人好事真不少，
礼仪之花哪最多，
数五中。

# 教师助推，实现教师角色的转换

2011年，我校推行新课程改革，我担任策划组织工作，在不断学习的过程中，我的教育理念和教学方式发生了很大的变化，“学生主体、学情主导、教师助推”成为我的工作原则。在落实“教师助推”过程中，我对不同年级、不同层次的学生进行了调查：“你们最希望老师教给你们什么?”学生的回答是一致的：“教给我们科学的学习方法，帮助我们解答我们钻研不出的问题。”不难看出，学情要求教师的作用不再是把持讲台，滔滔不绝地复述教材，而是要做学生学习的助手和推手。

1. 教师角色转化的原因

“教师助推”是新时代对教师角色的重新定位。随着科技的发展，学生获取知识的途径已不再是单纯依靠教科书了，学生从电视、网络、手机、课外读物、辅导材料等途径都可获取与教材内容相关的知识。同时，由于现代生活节奏快、信息量大、新产品多，学生的学习方式也发生了较大变化，各种学习机、多媒体的运用也使学生的学习呈现出刺激性、参与性、娱乐性的特点，要求学生上课专心听教师讲解已经不适合今天的课堂，时代的发展迫使教师的角色发生变化。

“学生主体”是教师角色发生变化的直接原因。“把课堂还给学生”是新课程改革的普遍特点，那么，把课堂还给学生后，学生在课堂上做什么呢？全国高校课堂的研究专家经过多年实践，总结出一套科学的学习流程，

即独学、对学、群学、展示、质疑、补充、拓展等。独学，类似于课前预习，主要由学生个体完成；对学是在独学的基础上，由学生个体与帮扶对象共同完成，这比独学递进了一步，渗透了合作、探究；群学扩大了合作、探究的范围，一般在学习小组内进行；展示是问题探究的高潮，学生代表把不懂的问题展示出来，在全班范围内寻求答案。知道答案的学生可以展示自己的理解，与别人进行思想的碰撞，有人对展示结果不认同，可以提出质疑，进行修订、补充，直至把问题解决。在这个过程中，学生始终主导着课堂，把持着课堂，教师没有时间做过多的演讲。

2. 教师如何做好助手和推手

那么，教师该做些什么呢？教师可以帮助学生制订、设计学习计划，确定学习任务和学习目标，避免学生学习的盲目性。这个工作教师要在课前进行，要在研究教材的基础上进行，要对教材进行提炼升华。学生在教师的指导下明确了学习任务和学习目标后，就有了学习的方向，有了学习的动力。在学习过程中，教师要全面关注学生的学习动态，对学生进行有针对性的指导。比如，当学习小组探究结束后，教师要引导学生把不懂的知识筛选出来，把能够自主理解的知识放在一边，然后组织学生共同探究各组展示出的难点。因为这个难点是学生自己归纳出来的，所以他们会格外重视。在探究的过程中，学生真正有了困难，教师就要及时出场，进行解惑。这时，全班学生的注意力都会集中在这个难题上，教师讲解的效果就会非常好。因为学生通过自己的努力有了困惑，有了兴趣，有了得知答案的期盼，教师适时的讲解就能起到推手作用。

当然，这仅仅是课堂上教师的一般做法。教师还应根据学情组织一些学习活动，激发学生的学习激情。比如，有位化学教师，发现学生对化学方程式的记忆不感兴趣，就组织了一场关于化学方程式的听写大赛，效果特别好；有位语文教师，在学习文言文时组织了一场默写诵读对抗赛，班与班之间、小组与小组之间、个人与个人之间展开对抗，激发了学生的学习热情；还有位英语教师，采取晋级的方式进行教学，把学生分成几个层次，给学生分别设定学习任务，学生完成后就可以升入高一级层次，引起了学生很大的兴趣。

3. “教师助推”的阻力

教师职能的这种转化使部分教师无所适从，有些中年教师感叹：“教了二十几年的书，反而不会教了!”出现这种情况的原因是多方面的。第一个原因是部分教师观念守旧，不知道变通。这部分教师一般用的是自己老师教自己的方法来教学生，他们认为只有把教材上的内容通过自己的口讲给学生才算完成教学任务。第二个原因是部分教师不知道调查学情，只是一厢情愿地估计学生。我的一位同事总结了“三不讲”原则：学生会的不讲，讲了学生也不会的不讲，学生自己能学会的不讲。第三个原因是有些教师对新的教学活动缺乏研究，不知道自己该做什么。原来讲课，教师把持课堂，有事干，讲完了，教学任务就完成了，现在把课堂交给了学生，教师觉得没事干了，很失落。以上几点是造成部分教师不认同新课程改革、不敢参与新课程改革、反对新课程改革的原因。

4. 新课程改革背景下教师如何成长

针对教师的实际情况，学校可以采取如下措施转变教师的做法。

一是利用行政手段强行限制教师的讲授时间。比如，我校在推行新课程改革初期，要求政治、历史、地理、生物教师的课堂讲授时间不能超过10分钟，语文、数学、英语教师的课堂讲授时间不能超过20分钟，由这个“固定时限”渐渐过渡到真正需要教师讲时再讲。

二是创造条件，组织教师进新课堂观课，感受学生自主学习的优点。引导教师多交流，了解其他教师的做法，用行动和事实改变固有的思维定式。

三是改变教师的“生存”状态，引导教师撰写反思、随笔，整理学生的学习成果，体验学习成果带来的快乐。

四是开展课改论坛、课改沙龙、学情调研、反思研讨、课堂大赛等课改活动，提高教师的综合能力，让教师在活动中得到锻炼和提升。

五是组织教师“走出去”，赴课改名校学习，接受感官和思维上的冲击，也可以将专家“请进来”进行现场示范，手把手教。

六是学校本着教师缺什么补什么的原则，为教师成长做好规划和引领。

教育要发展，必须要改变教师的思维模式，“教师助推”是时代赋予教师的新使命，作为教育工作者，这是绕不过去的一道坎。我们应顺应这个潮流，把握好自己的角色，定位好自己的职责，为学生的全面发展努力工作。

# 走出英语课堂教学的几个误区

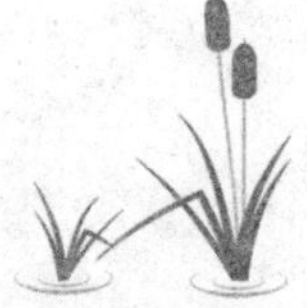

初三年级有四名英语教师，分别是刘彩云、陈贤哲、慕桂林、王涛。王涛老师参加工作虽然只有两年，但在樊家川初中曾连续担任过初三英语的教学工作，所以在接替张颖老师的课后能够很快进入角色，适应学生，使学生的学习成绩没有下滑。其他三位教师的教学经历虽然比王涛老师长一些，但由于管不住学生，教学效果很不理想，每个班只能及格七八个人，人均成绩五十几分。我想，如果他们的教学效果能与王涛老师带的两个班持平的话，有多少学生的命运将会被改变？

观察几位教师，平时的工作兢兢业业，任劳任怨，可为什么付出与回报不成正比呢？他们说是因为学生不学。那么，问题到底出在哪儿？跟教师有没有关系呢？

为了找出原因，我找来英语教材，研究教材的编写体例；走进课堂，对不同层次的学生开展调查，调查他们的学习方法、学习时间、课堂表现。环县一中、环城初中有很多优秀的英语教师，如龚树林、朱强、郭喜荣、孙慧珍等，他们深谙英语教学之道，我便问计于他们。

综合多方面的信息，我觉得英语教师在导学过程中存在几个误区。

误区一：对教材的编写体例缺乏整体研究。大多数教师只重视每个教学单元内的具体内容，而忽略了教材目录和附页的内容。教材目录的设计结构分为单元、标题、话题、功用等几部分，在附页有对语法和单词的系统的归纳。目录与附页是对全书内容的提炼总结，是教材的核心，只要把这些内容

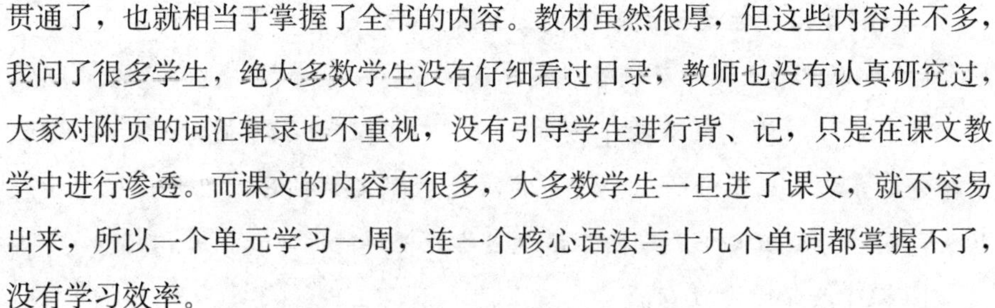

贯通了，也就相当于掌握了全书的内容。教材虽然很厚，但这些内容并不多，我问了很多学生，绝大多数学生没有仔细看过目录，教师也没有认真研究过，大家对附页的词汇辑录也不重视，没有引导学生进行背、记，只是在课文教学中进行渗透。而课文的内容有很多，大多数学生一旦进了课文，就不容易出来，所以一个单元学习一周，连一个核心语法与十几个单词都掌握不了，没有学习效率。

误区二：教师在导学的思路上有问题，不会整合教材，对重点内容重视不够，训练不足，检测不到位。教师要求学生掌握重点语法和单词，但学生掌握得如何，教师并不去深究，或者也不予以督查。

误区三：教师把教材挖得太深，内容设置得太难。教师一开始就考虑会考模式，能力提升，而忽略了最基础的知识。试想一下，学生连最基础的语法和单词都没有掌握，又何谈能力的提升呢？

误区四：教师没有激发出学生的兴趣，反而听之任之。学生不学英语，教师也不对学生做细致的思想工作，只是一味地抱怨，推卸责任。有时教师会逼着学生学，如果学生不学，师生之间就出现了矛盾。

误区五：教师不注意研究学情，不能进行分层次教学。教师常常一厢情愿地按照自己的意愿上课，表面上考虑全班学生的学习，实际上只有个别学生学有所获。

针对这些问题，我与几位英语教师进行沟通，与他们探讨一些我的看法，引导他们反思，寻找不足和失误。我认为，想要提升英语教学质量，首先要改变英语教师的教学行为，改变他们的一些习惯性做法。

我要求备课组长刘彩云老师带领组员，群策群力，研究制订出科学的方案，争取学生认同后分步骤落实，并根据学情不断修订完善。下面是他们英语组制订的提高英语潜能生成绩的目标及实施办法。

一、提高潜能生英语成绩的目标

激发潜能生学习英语的兴趣和热情，争取使其英语成绩合格并达到良好（初级目标）；让潜能生的成绩有质的飞跃，尖子生更优（终极目标）。

二、提高潜能生英语成绩的实施办法

（一）日常英语教学及辅导实施办法

课前预习，让学生从两个方面入手。首先是预习单词，包括读单词、记单词、掌握重点单词的变形等；其次是对课文的预习，主要是读句子或短文，同时勾画出其中的重要短语或自己能理解的简单语法并识记。

1. 课堂教学需要注意的

（1）培养学生学习英语的兴趣。例如，在学到 honest（诚实的）与 dishonest（不诚实的）两个单词时，要让学生记住两个单词，可以讲一个关于不诚实的孩子的故事，让学生一边听故事，一边记住这两个单词。通过讲故事的形式提高学生学习英语的兴趣。

（2）组织小检测，培养学生的竞争意识。例如，在上课时，可以利用辅导课对学生进行小测验，在检测学生最近的学习情况的同时也可以在班内进行小组比赛，培养学生的竞争意识。

（3）培养学生的发散性思维和总结归纳的能力。例如，在教学生 teach 这个单词时，可以用启发式教学法，开拓学生的思维，把这个单词首字母"t"改为"b"，变成 beach（沙滩），然后将"b"改为"p"，变成 peach（桃子），让学生触类旁通，由学会一个单词到学会多个单词。至于总结归纳，首先要让学生学会观察，如在学习形容词 interested 和 interesting 时，从语法上让学生知道"ed"结尾主语是人，"ing"结尾主语是物，然后让学生再总结类似这样的单词，如 boring 和 bored 等。

2. 课后

（1）作业的设置。作业设置分两种情况，尖子生的作业相对具有挑战性，题型灵活多样；潜能生的作业多为基础题，要求在组长的监督下独立完成并进行面改，对学生存在的问题进行辅导。

（2）课后辅导。由于初三年级学生的学习任务重，学习时间紧张，所以只能在晚饭后抽出一点时间对部分潜能生进行辅导、解惑。

（二）分阶段提高成绩实施方案

1. 第一阶段（6 周）

（1）加强尖子生的英语知识积累，培养他们的发散思维，通过设置有

针对性、灵活多变的题型，让他们在总结归纳中逐步提高。

(2) 潜能生过基础关。采用多种形式让潜能生对所学单词和短语进行默写、背诵，并记忆简单句子等。

2. 第二阶段（6 周）

巩固强化训练。制订一些适合学生潜能发展的检测题，定期对学生进行检测，将学生所学的知识运用到做题过程中，达到强化基础知识的目的。

3. 第三阶段（6 周）

专题训练。英语题型一般包括词汇、句型、完型、阅读、写作五项内容，对学生一一进行专题训练，能让学生在各方面都有所提高，从而达到优化全体学生学习成绩的目标。

针对学生存在的问题，我曾挨班找学生做思想工作，让他们认识英语学习的重要性，然后教给他们记单词的方法——以写代背，这是我的独创。我发现，很多学生在背语法、背单词，背过了却没能完整地写出来，可是，能默写出来的单词、语法却都能背出来。学生用大量的时间背诵，为什么不让他们写呢？眼过千变不如手过一遍，遗憾的是我们的老师也没有意识到这一点。

我把这种方法教给了学生，通过观察发现，真正按照这种方法做了的学生进步非常大，如初三（2）班的王亚娟，英语成绩就由 67 分提高到了 116 分。

在落实此方案的过程中，我不断对学生、教师进行调研，及时掌握情况，发现问题，及时进行指导。看得出来，这个方案的可行性较高，因为学生和教师的状态都有了较大的变化，学生背、记、写的现象多了，教师督促检查得也勤了。最让我感动的是，下午放学后吃晚饭的时间，学生还在围着英语老师探究学业，老师也在耐心地进行指导。我问老师什么时候吃饭，老师说上完晚自习后再回家吃。我问学生：“这样你们能吃得消吗？”学生说：“我们已经输在起跑线上了，但我们一定要赢在终点。”老师对我说：“学生热情高涨，自己吃点苦没什么，只要学生进步了，就是最大的幸福。”

# 才艺展示，激发学生的学习激情

今天早自习，在初二（4）班教室里汇集了50多名教师，楼道里，还有很多教师想往教室里挤，遗憾的是教室的空间有限，再也没有立足之地了，大家只好在前后门倾听。

初二（4）班正在上语文课，授课教师是王丽娜老师，所授课为《观潮》，这是一节展示课。教室里有摄像机，除了学生的座位外其余地方都被听课教师占领了。这是初二年级实施新课程改革以来推出的首节公开课，初二年级教师都积极来交流，其他年级教师来观摩。

王老师的课堂流程设计得很有趣味性，有朗读PK、拜师学“译”、精彩连连看、情景朗读、牛刀小试、观潮归来（自编歌、黄梅戏、对联、诗

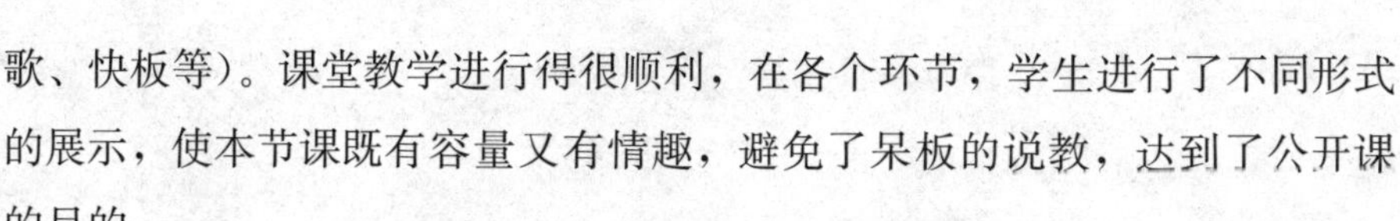

歌、快板等)。课堂教学进行得很顺利，在各个环节，学生进行了不同形式的展示，使本节课既有容量又有情趣，避免了呆板的说教，达到了公开课的目的。

下课后，教师们都津津乐道于学生们的才艺展示。在初二年级的十个班中，学生的展示能力最强的当属（3）班和（7）班，其次才是（4）班。我到山东杜郎口中学考察时，觉得那里的学生的才艺展示和胆量比我校的教师还优秀。不论听课的是谁，不论听课的人有多少，他们全都能“目中无人”，专心致志地按教师的导学思路完成各个环节。我们很惊叹他们能有如此的能力和定力。据了解，杜郎口中学的新生入学后，学校会针对新生进行两周多的专项训练，即如何展示，通过朗诵、演讲、辩论等形式让学生大胆讲话，敢于讲话。而我校在这一方面没有对学生进行过训练，学生的展示能力完全来自于天赋，所以，各班的差距很大，科任教师中，抱怨者有之，无奈者有之。

我想，我们也可以给学生搭建一个平台，让学生进行才艺大比拼，通过比拼，锻炼学生的胆量，提高学生的才艺展示能力。每天下午五点至五点半，学校课表上安排的是研究型自习，实际上就是给学生半小时做作业的时间。我想，我们可以把这半小时完全交给学生，组织学生进行才艺展示，开展背诵比赛、默写比赛、书法比赛、绘画比赛、情景剧表演、相声表演、快板表演等。才艺展示内容由学生根据当天各科学习的内容改编，每天一个主题，一种形式，几名学生。学生自己是演员，也是观众，是评委，也是编剧。活动可以由班委会、团支部、文艺部组织实施。

现实教学中，施教者往往会进入一个误区，就是急于求成，想把课本上的知识快速地输入学生的大脑。然而，有些学生偏向于感性思维与感性理解，在快乐的氛围中更容易记住知识，提起兴趣。每天半小时的才艺大比拼不仅可以提高学生的能力，更重要的是可以调节学生的感官，使学生觉得学习不再是枯燥乏味的背诵单词、背诵古文以及做不完的练习题。

让学生在课堂上以文艺形式把所学内容展示出来，既可以活跃课堂气氛，又是对学生能力的一种锻炼，是符合学生年龄特点的一种教育方式。“寓教于乐”不正是如此吗？

# 背诵对抗赛，激活学生的竞争意识

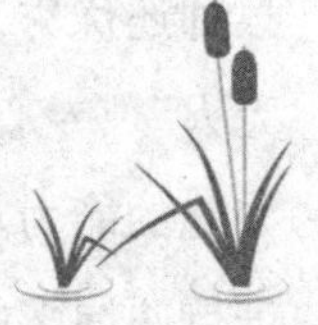

午饭时，儿子说，他们班将要与（3）班进行背诵对抗赛，每个班选出5名选手于第二天在（3）班教室比赛，他已以绝对优势入选。从儿子的表情与语气看，他们很喜欢这类学习活动。

儿子所在班级为初二（4）班，语文老师是王丽娜。王老师的教育理念新，是我校课改的排头兵，她经常能想出一些奇招使学生在快乐中获得知识和教育，很受学生欢迎。这次背诵对抗赛又是她的新点子。

让学生参与一些比赛，能够激发学生的学习兴趣。因为每个学生都有争强好胜的一面，每个人都想让别人认可自己。赛前的准备过程就是一个催人奋发向上的过程。如果老师们能恰当地运用好这一点，就能提高教育效果。

当然，比赛的形式可以是多种多样的。班与班之间、组与组之间、个人与个人之间都可以较量。比赛的原则一定要建立在同等级别的基础上，如甲班的尖子生要与乙班的尖子生对抗，两组之间的一号要与一号对抗，或者是甲班决出的八位优秀选手与乙班决出的八位优秀选手对抗。这叫公平对抗，这样才能让人心服口服。

比赛的种类不要局限在背诵上，还可以是默写，可以是朗诵，可以是情景剧，可以是即兴创作。这种方式可以在语文课上用，也可以在英语课上用，还可以在数学课上用。优胜的学生可以发证书，也可以加积分，还可以写表扬信，等等。

在新课程改革的背景下，教师要采取灵活的措施，激活学生的竞争意识和学习激情，开展对抗赛无疑就是一个较好的方法。

# 开展第二课堂，让学生个性化成长

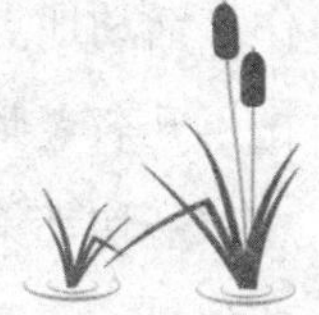

长久以来，学校形成了这样一条不成文的“定律”：中考考什么，老师教什么；中考考什么，学校抓什么。

儿子在环城小学上学时参加过第二课堂活动。据他讲，环城小学每个年级有十几个兴趣小组，每周在同一时间开展活动，学生玩得很开心。这正符合我的教育观，人要全面发展，学校要为学生搭建全面发展的平台。

小学升初中，虽然教育部门不允许组织考试，但为了给各学校的管理评价提供参数，县教育局还是组织了统考。在县城的几所小学里，环城小学的学生人均成绩最低，有时甚至能相差二十几分。但是我们惊奇地发现，在初中和高中，环城小学学生的综合素质与应考能力都比其他学校的学生优秀。

由此可见，素质教育的优越性所在。

我们学校在高中部也创办了体艺特色教育，也拥有优秀的教师队伍和完善的硬件设施，于是我想参照环城小学的做法，增加第二课堂。

虽然有了想法，但要落实起来实在不容易。要先请示分管领导同意，再汇报校长同意，才能规划方案，组织落实。分管领导与校长一人有异议就不能推行，因为这是出力不落好、工作量又大的一项“额外”工作。

2012 年 10 月底，我被任命为教务主任，工作理顺后，我又向校领导建议创办第二课堂，可以先在初二年级试行，学校同意了我的请求。

我找到年级主任曹永海商量，没想到他与我想到了一起。

于是，结合年级组老师的特长、学校体艺教师的特长和学校硬件设备，我们把初二年级学生分成篮球组、健美操组、田径组、乒乓球组、绘画组、国画组、合唱组、舞蹈组、书法组、科技组、写作组、演讲组、数奥组、英语组、时政组、棋艺组、阅读组等17个活动小组，并制作好报名表，要求各班学生报名，然后根据报名情况再进行调整。每个活动组安排两名辅导员，目的是有个相互照应，这样即使某位老师请假，也不会耽误辅导工作。活动地点安排在各班教室、操场和科技楼的功能室。另外，我们还安排了几名老师检查活动的落实情况。

一切都策划妥当后，我召集老师开动员会，讲了一下开展第二课堂活动的目的、意义、活动要求、时间安排。没想到，80%的老师都赞成这项活动。有了老师的支持，我就有信心把这项工作打造成全校的一个亮点。

2013年3月26日下午四点，初二年级第二课堂开始启动，全年级学生兴致勃勃地走向了自己的活动地点。看到学生脸上洋溢的快乐，我非常开心。由于是第一次活动，难免有些混乱，但十多分钟后各活动小组都进入活动状态。我与曹主任挨个检查，没有缺岗的老师，各检查老师也都认真负责，按要求履行着职责。

第二次活动时，我请校长来观摩。校长看后，也非常兴奋，觉得应该让学生的爱好得到彰显，应该让学生体验到快乐，更应该把这些教育资源更有效地发挥利用起来。

初次尝试成功后，初一年级组的负责人也开始申请开展第二课堂活动。中考结束后，高一、高二年级也提出了申请。经过研究，学校统一协调了时间，要求各年级组可以参考初二年级的活动进行操作。

2013年11月，全县课改现场会在县城举行，我校作为全市课改示范校，与会人员要来校观摩。对于这样的活动，学校需要打造几个经典看点，经过再三思考，我决定把第二课堂作为学校的一个展示点。汇报给校长后，校长说我是老思维，现在已经没有第一课堂、第二课堂之说，所有有学生活动的地方都是课堂，让我另外想一个名字。我思谋再三，决定取名为“校本研修”。其他人没有提出异议，于是这个名称就确定下来了。

我决定要出其不意地展示一下我校的校本研修课堂，要让来校观摩的

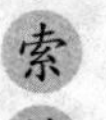

每一个人真实地感受到我校的课改实践。我把这次的展示对象定为初三年级。因为按照各位校长的思维定式，初三年级就是要抓成绩，一切活动免参。我觉得没有必要这样做，学生在记忆知识的同时也是需要锻炼、需要调节的，“一张一弛谓之道”。在初三排课时，我们的老师纷纷建议要排艺术课、体育课，更要求不要取消第二课堂。既然他们有这种“超前”的理念，管理者还能说什么呢？

在现场会那天，初三年级所有的学生都参加了各项校本研修课程，课程结束五分钟后，各班学生又进入课堂教学的状态。与会者还观摩了初三年级的开放课堂，有位老师说：“初三年级的课堂敢于展示，说明环县五中的课改是真做。”听听，还有人对本校的课改持怀疑态度。

无论如何，我们相信，有努力就会有收获。好的开始是成功的一半。

# 知己知彼，百战不殆

## ——学情主导下的课堂更有效

《孙子兵法·谋攻篇》有云：“知彼知己，百战不殆；不知彼而知己，一胜一负；不知彼，不知己，每战必殆。”看古今的战例，主帅在决策前要搜集敌方各种情报用于分析研究，然后制订出具体的部署方案。情报越准确，分析越透彻，胜利的把握就越大。

我们做教师的好比是发起总攻的主帅，学生好比是我们的士兵，要给学生传授的知识或技能好比是敌人的营寨。士兵能否攻下一个个营寨，要看士兵的实力以及主帅的部署。这个实力指的就是学生的学情，主要包括学生的知识积累、学习能力、学习态度等。而部署指的则是教师了解了学情后，再给学生相应的任务，辅以必要的方法指导，使学生的学习有所收获。

然而，我们很多教师想不到这一点，每天只顾钻研教材，想当然地设置作业，结果取得的教学效果与想象中的差距较大，便怨天尤人，牢骚满腹，怪学生，怪学校，就是不反思自己。

教师教学中出现这种问题的原因主要有两点。一是长时间形成的思维模式，使教师缺乏开展学情调查的意识。自己做学生时教师是这样教的，现在自己做教师也这样教，学校也一直强调要吃透教材、研究教材，所以这类教师只是钻研教材，没有做学情调查的意识。二是虽然有的教师有学情调查的意识，但觉得开展学情调查太麻烦，不好弄，望而止步。

教师可以采取以下方法进行学情调查。

一是谈话法。与学生谈心，可以问学生的住址、家庭成员、个人兴趣爱好、理想，等等。通过谈话，对学生的情况有个大致了解。二是观察法。通过查阅学生的学习档案、作业、周记，观察学生平时的表现、课堂上的反应、活动参与度等了解学生的学习情况。三是了解法。教师可以利用课余时间进行家访，了解父母眼中的孩子，也可以从其他教师、学生口中了解该学生的情况。这三种方法主要是针对个别学生。

对于每节课全体学生的学情的了解可以通过三个方面进行。一是搭建平台，形成沟通机制。在教室的墙壁上可以设置一个专栏“老师，我想对您说……”每节课后，以组为单位，以写纸条的形式把该节课学生的知识接受情况和建议反馈给教师。教师看完学生的纸条后进行反思、研究、改进。二是定期召开学情座谈会，由各组的课代表与教师交流沟通。课代表把本组的意见和建议收集上来反馈给教师，对于这些意见，教师要悉心听取，有些要对学生进行解释。教师采取的每一项措施都要学生思想上认可，这样学生才能按照教师的指令行动。教师可以专门就某个组的问题开展座谈，也可以就某个层次的学生的问题开展座谈。为了节约时间，集体座谈主要是了解一些共性的情况。三是发放学情调查表。教师针对某个时段、某个专题设置一些问题，印发下去，让学生解答，然后收集、查看，了解情况。

在学情调查过程中，要把握实事求是的原则，学生给教师反馈、提供的信息必须真实，才有利于教师研究与制订策略。

调查的过程需要花费一点时间，研究的过程也比较辛苦，这也是教师们不愿意做学情调查的原因。但是，教师只要做了调查研究，了解了学生的需要，在施教时就能有较强的针对性，教学效果肯定就会提高。这比不做学生调查，自以为是地给学生布置作业、讲解课题高效多了。因此，从总的工作量上讲，做学情调查并没有增加教师的多少负担，调查占用了时间，但在施教过程中提高了效率，节约了时间。

掌握学情后，重在研究，教师要制订出适合学情的施教策略。我认为，分层次施教最科学，效果也最明显。然而，让习惯了“满堂灌”的教师进行分层教学比较困难。作为教师，不能害怕麻烦，要努力提高教学的实效性。掌握了学情后，教师要对症下药，采取相应的措施施教。对于不懂学习方法的学生，教师要教给他们科学的学习方法；对于没有学习兴趣的学生，教师要想方设法点燃他们的学习激情；对于基础薄弱的学生，教师要多鼓励，循序渐进，由少及多，由易及难，逐渐提高他们的学习兴趣，不断指导，增强其学习动力，这样的教育才有实效。

# “良心作业”
## ——关于学生作业的一点思考

中考过后，我与数学教师魏素珍探讨分层教学的事。她说：“我带的两个班只有18%的学生不及格，我今后要给他们布置‘良心作业’。”一个班50名学生，只有9名学生不及格，这与其他三名教师所带学生34%的及格率相比，真是让人惊讶。很显然，魏老师的目标并不止于此，她还要采取所谓的“良心作业”措施。

所谓“良心作业”，就是学生凭自己的良心能做多少道题就做多少道题。从实施的情况看，这些学生每天都完成一定量的作业，学习积极性也有所提高。

关于作业，我有较长时间的思考。教师讲授完后，学生通过作业练习巩固所学内容，教师通过批改作业了解学情，这本是合乎教育规律的一个程序。但是部分教师在对待作业上出现了违背学生认知规律和接受能力的事，主要表现在以下几个方面。

一是盒饭式作业。不论是哪个层次的学生，作业都是一样的，致使学优生吃不饱，觉得没意思；学困生吃不了，为避免教师、家长问责，只好抄袭作业或请他人代做作业。

二是惩戒式作业。部分教师为了出成绩，加强训练，要求学生把单词、词语或课文（古文或古诗词）抄20遍甚至更多。

三是扎堆式作业。每个教师都布置一定量的课外作业，让学生课后完成。但由于学生学科较多，课后时间也有限，学生没有能力完成，而且还占用了学生的休息时间，于是便引起了师生之间的矛盾。

四是放任式作业。教师对学困生的作业放任不管，学生做了，进行批阅，如果不做，也不过问、督查。

这四种作业现象困扰着学校的管理者，也困惑着教师，更制约着教师的教学效果。严格地讲，以这四种方式布置作业的教师是不合格的教师，是不负责任的教师。

出现上述四种现象的主要原因是教师对学情没有了解掌握，只是一厢情愿地估计学生的接受能力和认知能力。学生是教师的服务对象，学生需要什么，教师应该清楚；学生的底子如何，教师也应该清楚；学生在每节课上能消化多少知识，教师还应该清楚。教师只有彻底了解了服务对象，在施教过程中才能因材施教、分类指导，教学才有针对性，才有效果。

然而，我们有些教师怕麻烦，对学情不进行调查，也不研究学生，只是概念化地布置作业，结果不但达不到作业训练的目的，反而给自己增加了工作量和烦恼，还要因学生完不成作业或抄袭作业而与学生进行“斗争”。

为什么不反思一下自己布置作业的方式呢？

我认为，魏老师的“良心作业”值得肯定，因为这样的作业比较符合学情。一个班的学生，由于基础不同、个人智力不同、学习习惯不同、学习方法不同、家庭教育不同，导致其接受能力也不同。因此，教师应该把学生分成几大类，在设置作业时为不同层次的学生设置相应的作业量和难度系数，如学优生的作业可以侧重于探究性习题，要有些难度，简单的、常识性的就不需要了，而对于传统意义上的学困生，只要让其掌握最基础的作业就可以了。引导学生凭自己的良心做作业，每天在原基础上有所收获，就是进步，就是成功。实践证明，魏老师的这种做法很有效果。

当然，这种作业方式要得到学校管理层的认可，如果学校管理层不支持教师这样做，那就是教育的悲哀了。

# 五步学习法

## ——记课改过程中的一次成功尝试

在课堂教学改革中，如何做到既有生动活泼的形式，又有扎实的学习效果，这是最让我们困惑的事。在杜郎口中学采用的教学模式中只有预习、展示、反馈三个环节，我们始终不明白他们的教学质量是如何保证的。据杜郎口中学的老师介绍，他们学校成立了专门的质检部来测评教学质量，但质检部如何开展工作，他们没有透露。我们也进行了多种尝试，但都以失败而告终。

后来，我们在江苏昆山前景教育集团学习，发现那里的老师用学案教学，我又回想起 2011 年 12 月 26 日庆阳三中送教下乡时有个老师也用学案教学。但根据观察，我觉得他们把学案应用得并不好，把课上成了练习课。

不过，令人意外的是，在最近两周初二年级进行的公开课上，我们学校的部分老师做出了成功的探索，给我们的课改指明了方向。

12 月 4 日早自习，在科技楼四楼的一间大教室里，有 60 多位老师在听高武月老师上“一次函数的应用”。在各块黑板上，高老师把各环节的学习内容事先安排学生写了出来，然后给每个学生印发了学案。在整个导学过程中，高老师采用了“五步学习法”：第一步，根据导学内容安排学生依照学案上提供的练习题快速独学（自学）；第二步，独学后，帮扶对子进行交流，相互检查；第三步，各帮扶对子在小组内进行交流展示，主要解决帮扶对子解决不了的问题；第四步，各小组汇总问题，然后在全班范围内进行研讨，由本学科优秀学生给全班学生讲解；第五步，老师在优秀学生讲

解的基础上拔高升华，补充学生没有讲到的内容。这五个步骤，层层递进，参与的学生由少到多，由点到面，由个体到全体，做到了学生会的老师不重复讲，提高了学习效率。我仔细观察了课堂的整个学习环节，学生都很投入，没有开小差的，每个小组的学生基本上都能完成任务，这种方式真正体现了学生为主体、教师为主导的教学理念。之后，在数学老师郝丽娟、沈健和历史老师杨娟娥的公开课上，也都采用了学案教学，效果也很好。

在教学过程中，没有现成的最佳的教学方式可以套用，能够达到教学目的、适合自己的就是最好的。我校推行新课程改革两年来，各位老师做了辛勤的探索，其中不乏成功的经验，这“五步学习法”就是一项阶段性成果。就目前而言，我认为这是最好的、最有效的教学方法。它不仅适用于数学，也适用于物理、化学、生物、地理等学科，当然也适用于语文教学的第一课时。我们开展公开课的目的就是展示成果，促进交流，推进工作。我想，虽然这次公开课的教学活动结束了，但我们课改的研讨工作并没有结束，我们的很多老师还没有找到适合自己的最佳的教学方法。所以，我们要及时地巩固成果，放大我们的优点，推广我们的成功经验。

# 课改实践策略篇

Ke Gai Tu Wei

# 新课程改革理念下教师教学任务的设定

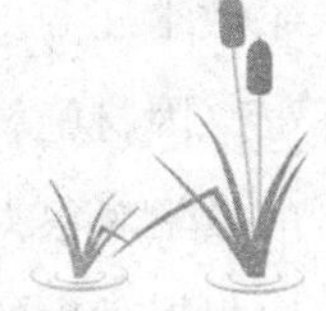

学校推行新课程改革，老师们在尝试的过程中提出了完不成教学任务的问题。校长发愁了，从老师们的言谈中可以推断出，大家认为原来的教学方法能够完成教学任务，改了之后完不成教学任务，所以还是不改为好。

我认为，这只是老师们的一句托词，是不愿意课改的托词。我想问一句，怎么做就算完成教学任务了？把自认为的学习内容给学生重复一遍就算完成任务了吗？我看未必。我们要搞清楚，什么是教学任务？做到什么程度才算完成教学任务？完成教学任务的标准是什么？

教学任务指的是教师在一定时间单位内通过一定的教学活动使学生掌握某些知识和技能。这个“一定时间单位”可以是 20 分钟，可以是一节课，也可以是一周乃至一学期。完成教学任务，关键是谁完成。教师如果认为把某节课的学习内容给学生讲一遍就算完成教学任务的话，这是对教学任务的片面理解，充其量是教师自己“完成”了所谓的内容。难道自己讲了，学生就会了吗？果真如此的话，教师的教学质量应该是百分之百优秀的，那为什么还有那么多的低分学生呢？

在我曾经组织的一次课堂大赛中，我事先审阅了一下参赛教师的导学案，主要是想看看其教学任务的多寡。看完后我感觉其涉及的题量有些多，担心一节课的时间学生做不完，所以建议教师减半，结果减半后时间仍然显得很紧张。这使我想到，通常教师在上课时并没有养成研究学生的习惯，仅仅依据教学参考书来设计教学内容，教学结果又怎么能好呢？

在教学活动中，学情调查非常重要。在新课程改革的指导原则中，学情已经上升到了教学的主导地位，也就是说，教学任务要根据学情（学生的需要）设定。一个班的学生具有较大的差异性，同样的内容，可能有些学生能很轻松地完成，有些学生勉强能够完成，而有些学生则无论如何也完成不了。所以，学生的学习任务要分层次布置，教师的教学任务也应该是分层次的。只有每个学生把适合自己的学习任务完成了，教师才算完成了教学任务。遗憾的是，我们教师的工作没有做到这么细。

因材施教，符合教育规律，也符合人的认知规律。我们在单位时间内的教学对象太多，给每个学生设置不同的学习内容的确有困难。但我们可以根据学生的实际水平把他们分成若干类型，给不同类型的学生设置不同的学习内容应该问题不大。

所以，作为教师，应该研究学情，适当增减教学任务，不要被教学参考书束缚了手脚。作为教学管理人员，也要从实际出发，开展调查研究，找出问题的根源，引导教师破解课改难题，让课改真正发挥作用。

# 扫除小组学习活动中的困惑的技巧

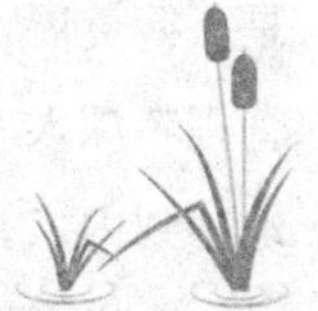

11月19日晚上，我们在学校办公楼三楼的会议室举行初一年级新课程改革培训会，会议结束后，我约了龙恒位老师谈一些学生管理的事，谈完已经九点二十了，我准备下楼回家。来到校园，我发现初二（6）班教室的灯还亮着，就不由得走了过去。透过教室后门的窗户，我看见有八九名学生围在一起，好像在探讨什么问题。我推门走了进去，原来是数学老师沈健在与各组的数学课代表研究如何提高数学教学效果的问题。

沈老师是初二（5）班的班主任，负责初二（5）班、初二（6）班的数学课教学。从平时的各项检查和观察看，沈老师工作非常认真，也很勤奋，但教学效果不太好，每次检测他所带班的成绩都是五名数学老师中的最后一名。这次期中考，初二数学试题由他命题，原本想着这次成绩会追上来，结果差距依旧。沈老师作为初二（5）班的班主任，按照常理，学生的数学成绩应该很好，结果却屡次出乎意料。这两个班的学生的语文、英语成绩都很好，尤其是英语成绩，初二（5）班是全年级第一。所以，学生的数学成绩不好并不是学生智力的问题，而是老师的导学方法有问题。

学生急，年级主任急，我这个主管领导也急，而沈老师更急。他很想尽快改变自己的被动局面，却苦无良策。

昨天早晨大课间，我给沈老师支了一招，让他把各组的小组长召集起来，沟通一下，共同反思问题出在哪里。于是就有了我看到的一幕。

我问：“找到问题根源了吗？”

“找到了。主要是因为小组长及各组数学课代表管不住组员，组员对老师布置的任务无动于衷。”沈老师说。

各个小组长也七嘴八舌地道出了自己的苦衷。无非是个别组员不听从管理，自己讲题时捣乱，抄袭作业等。有个学生还提出，如果按照老师的要求严格管理就会得罪人，伤不起！

实际上，这几位学生所说的问题在多数班级都存在，对此很多老师也是一筹莫展，只能听之任之，因此也阻碍了课改的推进。这其实也是我们管理者深入一线不够，没能及时地帮助老师和学生解决困惑所致。我深深地感到内疚。

小组互助学习是课改中最主要的学习形式，也就是所谓的“兵教兵”，老师把学习任务分配给小组长（各组课代表，每组有一个行政小组长，还有各学科的课代表，课代表是本组该学科学习最好的），由小组长给组员分配任务，指导组员学习。但是在学习过程中往往会遇到这几种情况：一是组员不服组长，组长讲题时就故意捣乱；二是个别学生态度不端正，故意捣乱；三是部分组员不听从组长的安排。出现这几种情况，科任老师如果解决不好，就会影响课业的完成。沈老师的课堂就属于这种情况。

出现这些问题的根源有四个方面：一是个别学生学习态度不端正，以捣乱找乐为能事；二是组员对组长（课代表）不服气，组长缺乏权威性；三是组规不明确，或者组员对组规不认同；四是小组活动导向有问题，没有激起组员的团队意识与竞争意识。

第一，对于个别学生故意捣乱的问题，班主任和学校分管领导要下功夫解决。学校和教师要找学生谈话，找家长谈话，让学生改变认识，认同“国有国法，校有校纪，班有班规”的常识，引导他们认识到：上学的目的，是为了学知识，长见闻，培养良好的行为习惯。

第二，对于组员不服组长的问题，主要根源在于课代表的产生过程有问题，有些学生认为自己比课代表强，不愿意听从课代表的安排。课代表可以通过两种途径来产生：一是推举，只有所有组员公认某同学在某学科有权威性，大家才会服他，通过这种方式产生的课代表的工作才好开展。二是选举，由老师主持，在规定时间内对竞选者进行考核，谁胜出谁就是

课代表。要注意，在选举前必须讲清楚，竞选失败的学生必须无条件地服从胜利者的管理。

第三，对于组规问题，主要是要严明组规。组规是所有组员共同研究制订的，是组员的行动指南，老师要引导组员学会服从，学会遵守，要培养小组的团队意识。

第四，对于小组活动导向问题，小组间可以开展一些比赛活动，激活组员的小组荣誉感和竞争意识。比如，老师交代今晚各个小组要把某两道题做会，甲、乙两组就可以比赛，看哪个小组全部做会所需的时间短，谁就是胜家，或者在规定时间内哪个小组完成的百分率高，哪个小组就是胜家。如果担心作弊，可以请裁判，或者由老师担任裁判，或者由课代表互换监督，等等。语文、英语等学科更好组织比赛，如可以默写课文、默写单词、作文等。

我解答完沈老师及学生的困惑，问他们还有什么问题，大家一起摇摇头，齐声说："没有了!"

我从他们的回答中听出了轻松，听出了大家对进步的渴望。这时候，班主任李宁老师走了进来，得知同学们已不再困惑，欣慰之情洋溢在眉宇之间。

# 点燃学生英语学习激情的策略

2013 年 5 月 28 日晚自习，我召集初二年级的英语老师及中考英语成绩在 130 分以上的学生开座谈会，探讨英语学习过程中存在的问题及科学的学习方法。每个学生和老师都发了言，通过大家的发言可以得出如下结论：英语成绩上不去，主要是学生不愿意学，觉得学习英语没有用；没有明确的目的，也缺乏动力，更缺乏方法。几名优秀生在谈自己的学习体会时有个共同点，就是觉得英语很重要，所以千方百计想把英语学好，也找到了适合自己的一些独特的学习方法。

座谈会后，我想了很多。英语教学是我校最弱的学科，学生其他学科的学习水平与其他学校学生相比都差不多，只要英语成绩上去了，学校的教学成绩也就整体上去了。因此，要想方设法点燃学生学习英语的激情，有了激情，英语教学才会取得良好效果。

一个人的成败取决于内因和外因，外因很重要，个人内因更重要。内因不积极主动，外因再强大，结果也会越来越糟。学校老师为了提高学生的英语学习成绩，也采取了许多办法，结果学生不但不按照老师的要求去做，反而对英语学习产生了抵触情绪，有的学生甚至对英语学习产生了恐惧情绪，最终的结果就是学生不乐意学英语，学生与老师每天作对，最后激化矛盾。

教学管理过程也很重要，如果教师的教学管理能做到精、细、实，教学效果也应该差不了。但在实际的教学过程中，许多老师过多关注的是教材，而忽视了对学生学习兴趣的培养，忽视了激发学生的学习欲望，忽视了点燃学生内心的竞争意识。我认为，作为一名教师，不论学历有多高，专业水平有多高，在教学过程中最重要的是你要认识到你是在与一个个鲜活的生命打交道，应想办法让他们接受你的说教，然后按照你的指令行动，实现你对他们的期望，才算达到了教学目的。

因此，作为一名教师，最重要的一项技能就是要想方设法点燃学生的学习激情。

第一，要让学生明确学习的意义。比如，英语学科，教师一定要给学生讲清楚为什么要学习英语，学不好英语对他们的前途有什么影响，要不厌其烦、巧妙地给学生讲解，直到学生认同为止。不要简单地说教，可以列举许多让学生信服的典型案例，让学生觉得学不好英语确实“寸步难行”，这样才能达到目的。

第二，要循序渐进，使学生体会到学习的快乐，体验到成功的幸福感。教师要学会表扬学生，要善于利用学生的闪光点激发学生的兴趣。评价时不要让学生与别人比，而是让学生与自己的过去比，只要学生有点滴的进步，教师就要及时给予肯定。

第三，在做到前两点的基础上，教师还要教给学生科学的学习方法。学习任何技能，方法都很重要，好的方法会收到事半功倍的效果。教师要教给学生记忆的方法、利用时间的方法，等等。

第四，要组织一些活动，检验学生的学习成果。比如，英语朗诵比赛、英语情景剧、英语口语交流比赛、英语歌曲演唱比赛、英语单词速记比赛、英语作文比赛，等等。

第五，要创设一定的情境，让学生感受英语的学习环境，购置、下载正宗的英语教学资料，并组织学生观看。

第六，要加强学法研讨活动，在薄弱班级多开展观课、听课教学活动，多向学生开展调查，随时解决出现的问题。

总之，教师缺乏的并不是专业知识，而是教学的技巧以及与学生沟通交流的技巧，也就是点燃学生学习激情的技巧。愿各位老师能够在这方面多研究、多探索。

# 竞争，合作，双赢，打造优秀的教研团队

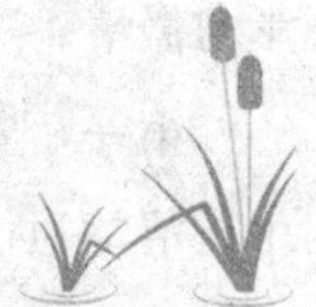

在初二年级的公开课上，政治老师马文梅讲的课题为“竞争、合作、双赢”，课讲得很好，学生通过自学、小组讨论、展示等方式较好地完成了学习任务，掌握了本节课的真正内涵。在以后的教学活动中，数学组也用事实诠释了这个课题。

12 月 4 日的早自习，数学老师高武月的课博得了满堂彩，他把每个学习环节分为五步：独学、对学、互学、交流、点拨，基本做到了先学后教，并且在设计训练题时创造性地把德育渗透到教学之中。课后，我与高老师交换意见，他说这不是他个人的想法，是集体的成果，是五名科任教师共同智慧的结晶。

“集体的智慧!”我默默地念叨着。

第二天早自习，数学老师郝丽娟的课同样讲得很精彩，课堂操作流程与高老师差不多，只是细节略有差异。

按照既定的安排，数学老师沈健也要展示一下。沈老师平时工作较认真，但教学效果不好，教学成绩是五名数学老师中最低的，所以这次课上得成功与否对他来说关系重大。我很担心万一失败了，沈老师将无法向学校交代，作为这次公开课活动的组织者，我也无法向学校交代。所以，我事先对沈老师叮嘱，一定要多与其他老师沟通，请他们多指导。

沈老师自己设计了一份学案，征求各位老师的意见，大家觉得内容有些多，提出了修改意见，然后在初二（6）班（他上公开课的班级是另一个

班）进行了试讲，请同学科组的老师会诊。结合他在（6）班试讲的情况，以曹永海老师为主的同学科组的老师又对他的试讲中的一些问题进行了研究，共同修改了教学环节。第三天的早自习，沈老师闪亮登台。他将这节课的教学环节设计成“我会做—我能走—我会跑—我能飞”，开展教学活动，层层递进，有重点，有焦点，取得了不错的教学效果。我那颗悬着的心总算放下来了。

有比较就有竞争，同学科组的老师在学业评定时都是竞争对手，因为我们在评价老师时往往只会看哪个老师带的班级成绩好。于是就出现了老师只顾自扫门前雪，不管他人房上霜的现象。我们虽然成立了教研组和备课组，但真正发挥的作用不多。教研组长、备课组长平时只是帮助领导做一些事务性工作，教学研究也只是喊喊口号而已。这次公开课，数学组把教研工作落到了实处，为教研工作实效的产生做了示范。

在合作中竞争，在竞争中合作，建立双赢的工作理念，是当代很多合作商家的共识。没有竞争就不会发展，没有合作就不会提升，合作、竞争的目的是取长补短，共同做到效益最大化。作为同一学科组的老师，应该相互学习他人的长处，发挥集体智慧，共同研究解决教学中存在的问题，共同分享好的做法和最佳的教学策略、教学方法，达到共同进步、共同提高，塑造良好的团队形象。单打独拼，是个人主义，只有整个团队优秀了，才算具备了真正的实力。

所以，我们不但要学会竞争，更要学会合作，只有取得了双赢，竞争、合作才更有动力。

# 目标分解，进步一点，再进步一点

环县县城坐落在环江的河谷之中，城东西皆为百余米的“高山”，东山虽为黄土堆积而成，然而雨水的冲刷使山的形状连绵起伏，状如猛兽，有“五虎山”之美称。而城西之山却相貌平平，无人称道。

2008 年，新任县长为增添县城文化内涵，提升县城品味，在西山之顶建造了文昌阁，在山腰建了凉亭，在正对西山的环江上架起了步云桥。

走过步云桥，来到西山脚下的小广场，有南北两条登山台阶可登上山顶。西山遂成为市民强身健体的好去处。

我站在西山脚下，仰望山顶，总觉得高不可及。犹豫片刻，最终还是

鼓足勇气，迈开步伐，踏上了第一个台阶、第二个台阶、第三个台阶……走累了，就歇一歇。回头一望，已登上了数百个台阶，再仰望山顶，距离已没有开始那么遥远了。歇好了，继续攀登。如此反复。再次回头望时，发现已距离山脚很远很远，过了山腰，山顶已在眼前。于是，我信心倍增，一口气登上了山顶，这次没有感觉到一点累。

登上山顶，俯视全城，真是心旷神怡。回想山脚下的犹豫，如果被高山吓倒，依旧徘徊在山脚，便缺少了攀登过程中带来的奇妙体验，缺少了征服高山的荡气回肠，缺少了“山登绝顶我为峰”的仰天长啸。

山顶，是登山的最终目标。山脚，是起点。目标虽高，但从踏上第一个台阶开始，就离我越来越近，离山脚越来越远了。

学习如登山，要有较高的目标，才能够激发自己的斗志，然后努力去追求。

中考将近，我给初三各班设计了“我的奋斗目标公示牌”，引导学生从现在开始，给自己的中考设定一个目标，然后朝这个目标努力奋斗。我采用了“月考”激励法，鼓励学生每次月考总分进步 20 至 30 分，现在距离中考至少还可以组织五次月考，届时，每位学生就会进步 100 至 150 分(当然尖子生除外)。100 分或 150 分，乍一看有点太多了，遥不可及。但这样一次一次地分解，给人感觉却并不多。如果把 20 分均分到五门学科，每门才 4 分；把 30 分均分到五门学科，每门才 6 分。每个月每门功课提高 4 至 6 分，只要努力，无论是谁，都可以轻松实现的。

把大目标分解小目标，把远期目标转化成阶段性目标，转化成一个个短期目标，就会消除对大目标的恐惧，增加完成小目标的信心。如果能使学生每月进步一点，下一个月再进步一点，假以时日，积累起来，就是大的进步。

作为老师，要善于引导学生朝着既定目标努力，更要善于帮助学生体验成功的快乐，用成功的快乐体验增强学生对再次成功的渴望。

作为老师，要授人以“渔”而不是“鱼”。这个道理大家都懂，但在实际操作过程中却往往由于心太急而做了大量的授以“鱼”的事情。

想办法让学生进步一点，再进步一点，你能做到吗?

# 巧设奖励，呵护每个学生的学习积极性

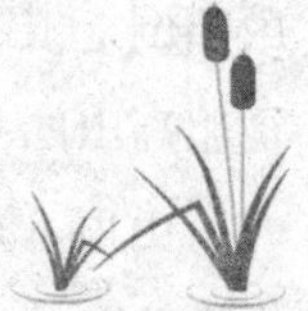

初二（4）班是环县五中招收的第二届初中生，学校在分班时无意中把一些“关系户”的子弟集中到了该班。这些学生虽然聪明，但是娇气、调皮、自私，喜欢怄气、攀比、打小报告，在学习上花的时间少。该班是全年级的双差班（学习差、纪律差），班主任经常被学生弄得筋疲力尽，束手无策。我了解到这种情况后，给班主任出了一些点子，帮助她解决一些棘手的问题，并为该班配备了一名得力的男副班主任。

经过大量的工作，本学期这个班的学风、班风有所改变。在本次期中考前，班委会向全班发出倡议，要摘掉“双差班”的帽子，争取奋斗到年级前五名，采取的措施就是在班级各小组间建立竞争机制，比赛看哪个小组取得的总分高，这是总指标。此外还有分指标，各小组中的 1 号与 1 号比赛、2 号与 2 号比赛，3 号与 3 号比赛……哪一组胜出的人次多就是赢家。如果总分胜了，人次败了，就是平手。这种竞争机制极大地激发了学生的学习热情。考试结束后统计结果，初二（4）班在这次考试中，语文、数学、外语、物理四门主课的人均成绩均列年级第四，总分也列年级第四，实现了他们预定的奋斗目标。

全班一片沸腾，学生们尽享成功带来的喜悦，而班主任却发愁了。该如何兑现自己的承诺，如何奖励学生呢？都发奖品，没有那么多的钱，再说意义也不大。奖励的名额少了，有一部分学生会得不到老师的肯定，积极性会受到挫伤。我看她这几天都在为这事而感到苦恼，就给她支了一招：

凡是有进步的学生都奖励，根据进步大小，把进步的学生分成四个等级，奖品分别是笔记本、中性笔、表扬信和口头表扬，这样既省钱又照顾了全体学生，使每个学生觉得自己在老师心目中都是最棒的。奖品发了以后，还要及时制订出下一个奋斗目标，指出学生的差距，即与年级第一名初三（9）班的差距，本班学生与尖子学生间的差距，各个分数段学生数量的差距。这样学生就有了明确的奋斗目标，就会主动为目标而努力。

# 梯度考试命题，鼓舞学生英语学习的信心

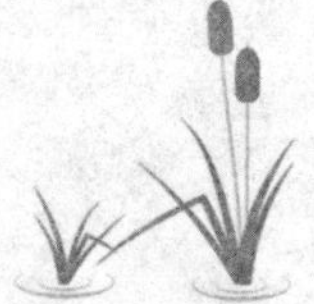

期中考试结束后，初一年级的英语成绩爆出冷门，人均成绩 120 分。英语学科历来是各校的弱项，我校更不用说了。在以往的检测中，学生的英语人均成绩大多是五六十分，很少能够上七十分。今年初一年级的五名英语老师从工作状态上看还不错，但我觉得教学效果也不至于好到这个程度。后来我了解到，本次考试试题的分量较轻，部分学生进考场不到半小时就做完题了。

在教研组会上，命题老师黄菊香做了如下分析和解释。

本次英语考试命题偏易，很好地照顾到了中下游学生。考查重点放在词汇及情景交际上。对初一学生来说，掌握一定的词汇量是学好英语的关键，而情景交际是培养学生英语口语能力的基础。本次命题偏易的原因主要有三个：一是给学生信心，让学生树立学习英语的信心。大部分学生来自农村，对英语的了解甚少，一部分学生虽然在小学接触过英语，但都局限于“读”，并未真正地“写”。二是给学生的家长树立信心，让家长觉得自己的孩子能行，孩子并未辜负自己的期望。三是给社会信心，让社会上的人觉得环县五中的英语教师行，环县五中是一个可以让家长放心、让社会放心的学校。

我同意黄老师的观点，考试不仅仅是为了检测学生掌握了多少知识和技能，还有调动学生学习积极性的作用。如果试题出得太难，学生的成绩太差，学生就会知难而退，对英语学习失去信心。

第一次测试尤其重要。我记得以前有位初一的英语老师命题按照中考的模式进行。我问："初一学生才学了两个月的英语，能积累几个单词，能读懂几个句子，这样的题学生会做吗?"回答："中考题就是这种模式，要让学生一开始就适应考试。"我不懂英语，无言以对。事情的结果是每个班只有20%的学生可以达到老师的要求，检测成绩达到良好以上，大多数学生成绩都不合格，有一半学生畏惧英语学习。老师累，学生苦，家长无奈，英语成绩上不去，久而久之，就形成了英语难教、难学的共识。黄老师的"创举"使我茅塞顿开。英语教学培养学生的学习兴趣至关重要，学生只要有兴趣了，一切都好办。随着学生词汇量的积累，在以后的测试中，再渐渐增加试题的难度，使学生在享受成功的快乐中不断进步，学生哪有学不好的呢？如果学生浮躁了，还可以通过加大题量和试题的难度，压一压他们的骄气。在学生的学习过程中，对学生学习成果的检测可以以难易结合，螺旋式提高的方式进行，这要比程式化的教条主义好些。因此，考试也是驾驭学生和调动学生学习积极性的一种教学策略。以下是黄老师期中考试后的教学打算。

一是培养学生良好的英语书写及学习习惯。比如，要严格要求学生区分字母的大小写，句子首字母必须大写，等等。

二是严把词汇关。词汇是构成语言最基本的材料，扩大词汇量是提高学生听、说、读、写能力的前提。因此，词汇教学是初中英语教学的重点，在后半学期的教学工作中，教师尤其要注重构词规律教学。

三是攻克音标关。后半学期要教会学生音标，让学生掌握正确的英语发音，为以后的口语学习打好基础，也让学生克服死记硬背式的单词记忆方法，学会根据音标记单词。

四是逐步训练学生写英语作文，教给学生写英语作文的方法和技巧，让学生从"学着写作文"到"学会写作文"。

但愿初一年级的英语教学能够创造奇迹。

# 制订明确的目标，为学生的学习竖起航标

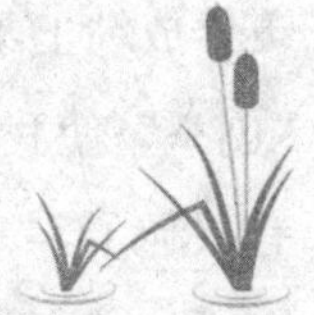

昨天，初三各班的教室里增加了一块“我的奋斗目标”公示牌，公示牌上有540分、490分、420分等分数段，让学生自我定位，在明年的中考中期望自己达到哪个分数段，就在相应的栏内郑重地签下自己的名字。这几个分数段代表的意思学生都懂：540分是环县一中重点班分数线，490分是环县一中普通班分数线，420分是其他高中的分数线。当然，这是参考2012年全县各高中录取线设定的虚拟分数线。

公示牌贴出去后，我到各班观察学生的反应。我发现学生很兴奋，都在思考自己该在哪个分数段签名。初三（4）班的黄飞同学把自己的名字签在了490分栏内，我问：“能达到吗？”

他充满信心地说：“能！”

“你现在的成绩是多少？”我问道。

“346分，第一次月考考了305分，只要以后每次月考增加40分，就可以达到我的目标了。我现在每天五点半起床，晚上十点睡觉，很刻苦的。我想我一定能够达到。”

我说：“要坚持，老师也觉得你能够达到。”

初三（2）班的赵华同学在540分栏内签下了自己的名字。我有些意外，也被她的“豪情”所折服。因为（2）班的尖子学生太少，第二次月考中上500分的只有3人，这些学生的成绩也不是太高，第一名排在全年级31名，而且500分至480分之间的学生人数为零。赵华同学的“豪情”让

我对她刮目相看，我问她目前的成绩，“456 分，只要我努力，中考我一定会上 540 分的。”她自信地回答。

明确奋斗目标很重要。有了明确的奋斗目标，人们才会想办法克服一切困难去追求，在追求的过程中产生动力、毅力和魅力。

越王勾践为实现复国的目标演绎了“卧薪尝胆”的故事，苏秦为了干一番事业书写了“锥刺股”的美谈，韩信为鸿鹄之志甘受“胯下之辱”，岳飞为“还我河山”刺字于背，以毛泽东、周恩来、朱德等老一辈革命家为代表的中国共产党为创建新中国，翻雪山、过草地，谱写了壮丽的长征诗篇……他们无一不是为了实现自己的目标而承受过巨大的痛苦、屈辱、寂寞、饥饿和挑战。

目标的诱惑实在太大了!

我们教学生，在传授知识的同时，还要让学生时时明确自己的努力目标，这样他们学习时才有动力。如果没有明确的目标，他们就会“做一天和尚撞一天钟”，得过且过。明确的奋斗目标可以产生压力，也可以产生动力，还可以证明自己的实力，体验奋斗带来的快乐。俄国 19 世纪末 20 世纪初最伟大的文学家托尔斯泰有句名言：“要有生活目标，一辈子的目标，一段时期的目标，一个阶段的目标，一年的目标，一个月的目标，一个星期的目标，一天的目标，一个小时的目标，一分钟的目标。”

确定目标，奋斗吧!

# 以被学习为动力促进学习

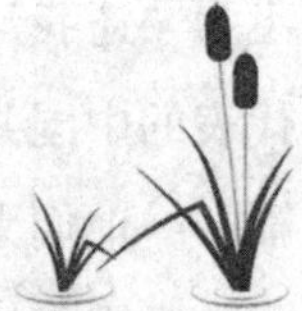

昨天晚自习结束后，我与龙恒位、张翰敏、李宁、田金鹏等老师谈起初一师生进初二课堂观摩学习的情况，老师们反映初二学生在课堂上发言积极，展示动作规范，各方面表现均比平时优秀。这使我想起一句话，“谁都想让别人认可自己”。被别人认可，就高兴；高兴了，心情就愉快；心情愉快，做什么事都有动力，精气神都足。

在现实生活中我们常常这样做：家里要来客人了，赶紧把屋子打扫干净，给客人留个好印象；上级要来检查工作了，要提前安排部署，总结成绩，查漏补缺，争取给上级留个好印象；某单位或某人有一些独特的做法或突出的成绩，有人来学习，就会精心准备，争取把最优秀的一面展示出来……所有这些，都是想得到别人的认可。我们在被人认可后就会对工作、生活、学习充满信心。

由此我想到，在我们教师对学生说教的同时，能否及时地放大学生的优点，号召他人学习，使其产生优越感及继续进步的动力？能否经常开展一些学习小组、班级、年级组、教研组之间的相互学习活动，激励学生、老师向上、向好发展？

当然，学习对象要选好，一定要有学习的意义。学习方式、学习过程也要组织好，要真正做到以学促学。

# 如何提高教师的课堂组织管理能力

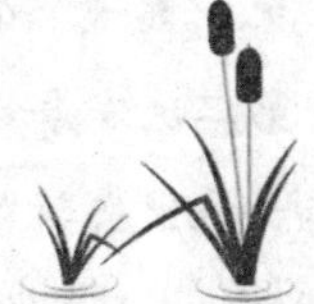

初一教师从江苏昆山前景教育集团考察学习归来后，就紧锣密鼓地展开了模仿教学，借鉴昆山前景学校的新课程改革理念和操作方法开展教学活动。我作为学校主管领导，对科任教师的落实情况逐个进行调研。

在调研的过程中，有一个让我琢磨了很久的现象：有几名高学历的专业教师，专业知识丰富，施教效果却很一般，课堂秩序差，教师在讲台上讲自己的，学生在下面做自己的，师生间好像没有什么关系，课堂单调乏味；还有几名教师，学历并不高，所任学科也不是他们的专业，但他们的课堂却生动有趣，容量大，节奏快，效果好。为什么会这样呢？我发现，在新课程改革背景下，讲得好已不是好教师的评判标准了，教师的课堂组织管理能力才是好教师的评判标准。接着，我对我校教学效果好的与不好的教师进行了梳理，发现凡是教学效果好的教师，课堂组织管理能力都特强，凡是教学效果差的教师都是管不住学生的教师。

教师专业发展的路该怎样走？是加强教师专业知识的提升，还是加强教师的素质，特别是教师的教育观念和课堂组织管理能力的提升呢？根据我的了解，大多数人把教师专业发展理解成了教师专业知识的提升与普通话、三笔字的达标。实际上，教师在中学、大学学的专业知识已足够教学生，而普通话、三笔字也远没有课堂的组织管理重要。因为教师在课堂上组织管理不好学生，学生的关注点就不会集中在教师身上，教师发出的学习指令学生就很难有效执行，这样的课堂很难达到教师的施教目标，这样的课堂就是无效课堂。

有这样一个故事：

春秋时期的大军事家孙武到吴国，吴王问他能不能训练女兵，孙武说："可以。"于是吴王便拨了一百多名宫女给他。孙武把宫女编成两队，让吴王最宠爱的两个妃子为队长，然后把一些军事训练的基本动作教给她们，并告诫她们要遵守军令，不可违背。不料孙武开始发令时，宫女们觉得好玩，都一个个笑了起来。孙武以为自己没说清楚要求，又重复了一遍。可第二次发令后，宫女们还是只顾嬉笑。这次孙武生气了，便下令把两个队长拖出去斩首，理由是队长领导无方。吴王听说要斩他的两个妃子，急忙向他求情。但是孙武说："君王既然已经把她们交给我来训练，我就必须依照军队的规定来管理她们，任何人违反了军令都该接受处分，这是没有例外的。"结果还是把两个队长给杀了。宫女们见他说到做到，都吓得脸色发白。第三次发令，再没有一个人敢不听号令了。

从这个故事中我们可以看出，如果学员不听从教官的指令，教官的训练就无法进行，如果学员能认真执行教官的指令，那么就容易取得理想的训练效果。

在课堂上，如果每一个学生都高度关注教师的每一个细节和要求，按照教师的指令去做，教学效果肯定不会差。而要让学生做到这一点，关键要看教师的课堂组织管理能力。

教师的课堂组织管理能力包括教师与学生的沟通能力，教师对学生学习环节、学习方法的培训与演练能力，教师调动、激发学生参与学习活动的能力，教师科学设计导学流程的能力等。这些能力在大学的课堂上是学不到的，需要教师在正式上讲台前接受专门培训，熟悉新课堂，掌握新课堂的驾驭模式，才能在走上讲台后高效地实施课堂导学。

第一，要树立语言的权威性。教师要知道课堂上哪些时间是自己要讲的，哪些时间是留给学生展示的，自己讲的绝对是学生讲不出来的，要起到点睛的效果，否则学生就不会倾听，就达不到教师讲的目的。教师对自己讲的话一定要反复推敲，要掷地有声，不能废话连篇，这样才能赢得学生的敬重。

第二，要关注每一个学生。教师要锻炼自己的眼睛，要学会用眼睛与学生交流。教师的目光要炯炯有神，要有很强的洞察力和感召力，当教师走进教室时，要能用眼睛控制整个教室，使每个学生都觉得老师在看他，产生一种老师在关注他的紧张感。

第三，要让学生动起来。教学是由“教”和“学”两方面组成的，教学的主体应该是学生学，然而教师教得枯燥乏味，学生就没有兴趣学。同时，在当今社会大环境下，电视、网络、游戏、晚会等都是学生喜欢的学习途径和方式，这也要求教师改变以讲授为主的教学方式，要把学生组织起来，让学生参与到学习活动中。比如，在新课程改革中，教师预设学习提纲，让学生先自学，再对学（学习帮扶对子探讨），再群学（学习小组内讨论交流），最后展示（把学习成果与全班学生分享），学生在展示过程中实现了自我的价值，其他学生在分享学习成果时也感受到了展示的快乐。在教学过程中，教师通过适时点拨，让学生根据学习内容创作成果进行展示，可以极大地调动学生的参与意识，培养学生的竞争意识，使学生体验创作的快乐、成功的快乐，激发学生的学习热情。让每个学生在课堂上有事干，对教师进行课堂组织管理非常重要。

第四，要科学地设计导学案。导学案是进行课堂教学的方案，教师要在施教前设计好。它与备课相似，但又不同于备课。导学案的设计不仅包含备课的内容，而且还包括对学生学习环节、学习方法的指导，甚至要求教师对教材相关的知识、问题有一定的预设。在课堂教学过程中，学生经常会当堂生成许多问题，教师要有应对学生各种问题的能力，或当堂解答，或引导学生主动探索。所以，教师的专业素养和导学设计在课堂组织管理中就显得尤为重要。

第五，要学会对症下药。现在的学生的个性和心理承受能力差异很大，教师如果以“老师”自居，用简单粗暴的高压方法让学生听从自己的指令，是行不通的。虽然短期内可能会有一定的效应，但时间一长，学生就会想办法与教师对着干，而使教师的教学很难有效进行下去。所以，教师刚接触一个班的学生时，先不要轻易评价学生，而要注意观察了解每个学生的家庭情况、成长经历、性格特征、兴趣特长等，然后再对症下药，进行科学引导。知己知彼，才能百战不殆。教师与学生打交道，就是在用一个人的智慧与几十个人的智慧进行“较量”。所以，教师在与学生刚接触时，不要怕麻烦，不要怕辛苦，从一开始就要给学生留个“好印象”，毕竟，好的开始就是成功的一半。教师如果开始不肯下功夫研究学生、了解学生，后面的工作就会越来越难做，即所谓的驭人者先驭人心。如果学生真正地从内心敬服教师，课堂的组织管理就很少会出现问题，教学效果也不会差。

第六，要绝对“公平”。在一个家庭、一个团队中，主导者的不公平往往是各种矛盾的导火索。所以，教师在处理班级事务时要“公”字当头，如处理学生间的矛盾、分配班级任务、评价学生的劳动、学习成果……都要尽量做到一碗水端平，让学生相信教师会公平处理，只要付出了，有成绩了，就会得到教师的认可。能得到教师的认可，对学生来说是件非常荣耀和开心的事。

课堂的组织管理涵盖了一名教师的很多素质，它是教师综合能力的体现。作为一名新时代的教师，要有强烈的提高课堂组织管理能力的意识，不断反思，理清思路，明确自我提升的方向和措施，逐渐完善自己，塑造自己，使自己成为新时代的教育专家。

# 新课程改革背景下的教师成长策略

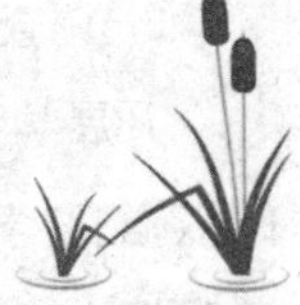

课改，是时代赋予当代教育人的特殊使命。教育要与时俱进，就必须改革。教育改革的实施主体是教师，教师具备实施课改的基本能力和素质，课改才能得以推行。因此，新课程改革背景下教师的专业成长成为每个学校的重要工作。

## 一、新课程改革对教师素质的要求

一个教师只要有扎实的专业知识，能流利地表达，就可以做一名好教师，这是应试教育下人们对教师的普遍要求。“这个教师讲得好，那个教师讲得不行”，这是我们经常听到的评价教师优劣的标准。而新课程改革对教师的要求，不仅仅是要“讲得好”，教师还需具备如下能力。

1. 组织管理的能力

一个班集体就是一个小社会，四五十名学生要在一起生活、学习三年，每个人的角色、责任、义务要通过一定的组织管理来落实，而这个组织管理又需要由教师来指导完成。每个班的班级管理水平实质上也是班主任和科任教师组织管理能力的体现。课堂教学、学习活动也需要教师具有较强的课堂组织管理能力，那些优秀教师的课堂组织管理能力通常都很强，学生一般都会按照教师的指令去做，教师在课堂上或活动中基本达到了“说一不二”境界。反之，如果教师的课堂组织管理能力不行，就会出现教师在讲台上拼命地讲，学生却旁若无人地在下面做自己的事的现象，这样的课堂教学效果绝对好不了。

2. 策划活动的能力

活动育人是新课程改革的特色，学生在活动中能够增长知识，锻炼能力。活动的范围可大可小，活动的时间可长可短，活动的形式可以灵活多样。但每项活动能否达到活动的预期目的，关键还在于教师的策划。

3. 调查研究的能力

开展学情调查，了解学生学情是教师对学生因材施教、进行分层指导的依据。“学情主导”是新课程改革的主要特征，要全面地了解学情，就得开展调查研究。调查研究是一种能力，教师可以通过一定的途径来培养。

4. 应对突变的能力

在新课程改革的课堂上，教师被学生“问住”是经常的事，关键是教师遇到这种情况时要如何为自己解围，如何化尴尬为睿智引导，这就需要教师具有一定的应变能力。同时，当代学生受社会因素影响，比较成熟，情况比较复杂，随时都会有一些意想不到的事发生，作为一名教师，要具备应对一些突发问题的能力。因为同样一件事，处理的方式不同，造成的结果差别会很大。

5. 沟通交流的能力

教师每天要与活泼可爱的孩子们打交道，教师职业的特殊性，决定了教师要具有良好的与他人沟通交流的能力。教师需要与学生多沟通交流，才能与学生建立友谊，才能了解学生，才能赢得学生的信赖。

6. 点燃激情的能力

时代不同了，“三苦”精神在当代孩子身上也行不通了，家长的溺爱，生活条件的优越，使许多孩子失去了进取心。如何让他们充满信心、充满激情地投入学习中，需要教师科学引导，需要教师采取措施不断地点燃学生的学习激情。

7. 运用现代教学工具的能力

多媒体、ppt 等现代教学工具在新课程改革的课堂上被越来越广泛地运用，它能够扩大教学资源的利用，增加教学效果，同时也是教师进行教学

研究的需要。但有很大一部分教师在这些现代教学工具的运用上还很不熟练，还需要教师通过学习，具有熟练运用现代教学工具的能力。

8. 持久学习的能力

每天都有新产品，每天都有新知识，教师只有不断地学习，才能储备最新的知识体系，才能教给学生与时代紧密联系的有用知识。而教师持久的学习，也可以给学生树立一个榜样。

除了具备以上能力外，还有一些能力如写作能力、演讲能力、创新能力等也是很重要的。一个教师具备的能力越多，工作就越得心应手，也越容易出成效。

有人认为，对教师的要求太高了。但这是时代的要求，既然选择了做一名教师，这些要求就无法回避，教师只有努力让自己具备这些能力，才能与时俱进，适应社会的要求。

## 二、教师素质现状

学校的教师一般可以分为老中青三代。老教师面临退休，工作没有劲头，观念比较守旧，教法单一，因此对课改持观望态度者居多。中年教师又可以分成两类，一类是专业功底扎实，具有较强的组织管理能力，教学效果良好，但教法单一，以讲授为主，新课程改革要求教师具备的能力基本能占三分之一的教师；另一类是在业务和工作态度上都一般，却牢骚满腹、能力平平、业绩平平的教师。青年教师接受新生事物快，对现代教学工具比较熟悉，但缺乏教学实践，对教学有一种畏惧感。事实上，要推行新课程改革，就要对教师进行一次彻底的改造，包括意识形态方面和具体操作技能方面。

当代社会，人们获取知识的途径很多，通过看电视、玩电脑、与同伴交流、读书等途径都可以获取知识。我曾经向不同层次的学生做过问卷调查："你最希望老师教给你什么？"学生的答案是一致的，即教给他们学习的方法，帮助他们解答自己探究不出的问题。作为教师，他们在学校所学的专业知识已足够他们胜任本职工作，但是为什么有那么多的学生成绩差，总是教不好？为什么有那么多的学生只会考试，而其他能力缺乏？一个学生需要学习的知识和技能很多，教师只教给学生教材上的内容是远远不够的。作为教师，不能被教材“绑架”，要以教材为媒介，培养学生的各种能力，如学习能力、沟通能力、合作能力、组织能力、管理能力，培养学生的各种素质，如责任意识、担当意识等。这些能力和素质都要求施教者相应地也要具备。“给学生一杯水，教师要有一眼长流水”。要培养学生这么多的能力，教师没有相应的能力，没有超前的意识显然是不行的。

## 三、提高教师素质的策略

我所在的学校是一所新建学校，从建校开始，校领导班子就决定走新课程改革的路子。虽然只有短短的四年多时间，但已经取得了明显成效，教师成长迅速。根据本校的做法，我总结出教师成长的几条策略。

1. 顶层设计，尖端培训

对教师成长如何定位？是简单适应课改的需要，还是做一名教育家？作为学校管理者，一定要把教师向教育家的境界引导。学校可以以“请进来”的方式组织教师接受教育大家如魏书生、朱永新、崔其升等的培训，也可以组织教师学习教育名家如陶行知、苏霍姆林斯基、马卡连柯等人的教育思想，改变教师的观念。学习方式可以是现场培训、视频讲座、读书领悟，还可以是感官刺激，如组织教师赴课改名校现场感受课改的魅力，用课改的实际效果冲击教师的固有观念。

2. 轮番打造，课堂突破

课堂实践是印证观念改变的“试验田”，只有理论与实践相结合，进行具体操作，才能达到预设的目的。然而，课改是一场革命，要让教师一下子摒弃原来的教学方式，用新的方式进行教学，很难。这有教师自身的原因，也有学生培训方面的问题。环县五中在新课程改革实践过程中采用带着问题出去、带着答案回来、课堂操作实践的办法来提高教师的组织能力、协调能力、管理能力。比如，在小组建设过程中，教师把从理论层面上接受的做法运用到实际操作过程中时就遇到了困惑，遇到困惑后请教专家，

然后根据专家的指导再进行实践，直至掌握了小组建设的程序和要点。在课堂导学方面，环县五中的教师刚开始放不开，不相信学生的能力，学校通过组织开展调研课、会诊课、提升课、交流课、过关课、示范课等教学活动，反复锤炼教师的课堂操作技能和学生的课堂学习方法。实践告诉我们，每一项教学活动都让教师和学生有了较大收获，调研课搞清楚了问题所在，会诊课对师生暴露出的问题进行了指导，交流课让师生间相互取长补短，到过关课这个环节，课堂已经发生了质的变化。

3. 反思切入，思想升华

放大优点，杜绝不足，这是进步的密码。要破解这个密码，写课后反思是最好的办法。“三年反思成名师”，每节课后教师都应该进行反思，如导学思路的设计是否合理，学习目标是否准确，学习任务是否恰当，课堂流程是否科学，学生激情是否激发，以及一些成功的做法、失败的警示、改进的措施，等等。一节课，经过认真的反思，思想认识就能提高一个层次，在下一节课中就会避免失误重现。环县五中的教师刚开始不会写反思，没人写反思，经过学校管理者的引导，大家认识到了反思的重要性，于是有了第一篇反思，有了很多教师写反思，现在全校教师都写反思，还有十多人刊印出了自己的反思文集。撰写反思的过程也是教师进行教育理论学习的过程，更是教师教育思想升华的过程。撰写反思可以提高教师的写作能力和学习能力，使教师养成良好的工作习惯。

4. 活动交流，点燃激情

我们提倡点燃学生的学习激情，其实教师的学习激情和工作激情同样需要点燃。学校可以通过开展各种活动来激发教师的激情，如教师节，可以开展茶话会、联谊会；学期中可以开展课改沙龙、焦点讨论、课堂大赛等；学期末可以开展课改论坛，盘点一学期的收获。活动可以是全校组织，也可以是年级组组织，还可以是学科组组织。组织的原则是以增加快乐为形式，以解决问题为目的。比如，2013 年教师节，环县五中新调入 40 名教师和 3 名管理人员，课改也由初中向全校推广。我利用教师节策划了一个茶话会，参照“感动中国”颁奖晚会的形式，对课改做得好的教师进行奖励，引起很大反响。从这次活动中大家看到了教师的才华、课改的成果、教师的成长，点燃了教师的课改激情。再比如，学校在推行“五步三查”课堂教学模式过程中，我设计了一套试卷，开展调查。教师们做试卷的过程就是深化和熟练“五步三查”理论及操作技能的过程。随后教师们又进行了教学案例视频分析，收到了很好的效果。

5. 课题研究，提升境界

“问题即课题，行动即研究”。课改过程中，会遇到很多问题，学校要引导教师把这些问题当作课题进行研究。比如，作业的设置问题，教师如何设置作业才算科学合理？作业的目的是为了检验学习效果，但学生的学习情况差异较大，可能部分学生能很轻松地完成作业，另一部分学生却无论如何也完不成作业，如果教师逼得紧，学生就可能想各种办法来应付教师，从而起不到做作业的目的。这就需要教师来研究这个问题，找出问题的根源，以便找出相应的解决办法。比如，教师可以分层次布置作业，鼓励学生每天完成力所能及的任务，使他们每天都有一定的收获，这样的作业才会有效。另外，教师也可以根据阶段性的工作，确定一些课题进行研究，如整理课堂实录，教师把自己上过的精彩课堂如实地用文字记录下来，就是很有意义的一件事，有利于教师的互相交流学习。当然，整理课堂实录要具备一定的写作能力，也要具备一定的记忆能力、分析能力等。如果要把一篇篇实录结集出版，还需要一定的文字编排能力。由此可以看出，确定一项课题进行研究，既能提升教师的多项能力，也能提升教师的思想境界。

6. 目标引导，注入动力

即使一开始教师有了目标定位，但在具体实现目标的过程中，每个人还是难免会产生惰性。要克服这种惰性，就要制订详细的目标。这些目标可以是短期的，也可以是中期的，还可以是较长时期的。教师完成一个目标，体会到成功的快乐和职业的幸福感，就会向下一个目标努力。每一个成功人士的成功之路，都是由小做大、循序渐进的。如果一个人体会不到做事成功带来的快乐，就会渐渐失去做下去的动力，教师职业也是如此。作为学校的管理者，要尽力把教学工作转化成一个个阶段性目标，与师生一起制订具体的实施措施和步骤，并及时关注实施过程中遇到的问题，为

教师做好服务。同时还要制订完成目标的奖励措施，教师付出了要进行肯定，教师成功了要进行奖励。肯定、奖励的方式可以是物质的，可以是精神的，也可以是政策方面的，如评优选模、职称晋升等。

7. 考评督促，形成习惯

“响鼓还要重锤敲，好马还须加三鞭。”在做好正面引导教师的同时，学校还需要有一些刚性的评价制度来督促教师。因为人性是复杂而多样的，一个集体，总有一部分人是在被动地工作。制订长效评价体系就是为了督促这一部分教师，以便各项工作能顺利地整体推进。我校制订的考评制度有《反思撰写制度》《课堂达标制度》《教学研究制度》《自我研修制度》《三级课改奖励制度》等。在各项制度的落实中，我们坚持严过程、宽结果的原则，侧重督查落实，侧重正面激励，通过这些制度，以行政手段督促教师自我提升，促使教师形成一种自觉行为。如果每个教师都在工作和学习方面形成自主习惯，我们引导的目的也就达到了。

8. 机制保障，做好服务

在教师专业成长过程中，学校要尽可能地给教师做好服务，提供好必要的物质保障。比如，电脑已成为现代教师进行教学活动的必不可少的工具，学校应该给每位教师配置电脑，并指导教师学会使用。而从教师的实际使用情况看，大部分教师在课件制作、文档的编辑处理、打字速度等方面的常规性技术操作都不行，所以需要对教师进行培训。对不同学科的教师，学校要结合学科特点创造条件，制订发展方向，如对美术、音乐教师就不能按照语文、数学教师的标准来要求。环县五中给艺术教师配置了工作室，让他们业务自修，从取得的效果看，教师的专业提升都很快，积极性也很高。至于相关学科的教育资料、教学用具的配置，学校更要尽可能多地做好购置。

“以教师发展为基础，以学生发展为核心”，这是环县五中的办学理念。只有教师发展了，学生才能发展，作为学校的管理者和决策者，一定要把教师能力的提升放在各项工作的首位，在工作落实过程中使教师的各项能力逐渐得到锻炼和发展。

# 教育随想感悟篇

# 初中三年，我们这样画上句号

初中三年，时间很快过去了，年级组决定 6 月 14 日早晨举行毕业典礼，6 月 12 日和 13 日，各班可以举行一些别开生面的活动，为初中三年的学习生活画上圆满的句号。

这两天，我的心情特别复杂，有一种说不出、道不明的滋味。我挨班进行巡查，发现初三（2）班的班主任郝丽娟老师正在利用多媒体与学生分享这三年的精彩瞬间。我驻足悄悄地看了一会儿，学生们或兴奋，或惊讶，或唏嘘，都特别投入。

初三（1）班的班主任带领学生登了一次西山，集体野炊后为每人团购了一套班服，上面印着“那些年，我们一同走过……”，学生们正争相签名留念。

走到初三（3）班，我看到了学生们集资给每位老师买的纪念册，上面有每个学生的照片和想对老师说的话。

走到初三（4）班，全班学生正在看电影《那些年，我们一起追的女孩》，看后大家都很激动，影片讲述的是中学生的青春故事，与学生的生活很贴近。更重要的是，大家觉得这是全班同学一起看的第一场电影，也是最后一场，所以特别值得纪念。

走到初三（7）班，学生们正把自己初中三年感受最深的一件事或毕业之际最想说的一句话写在彩纸条上，并用彩纸条编了一个大花篮，共同唱着《感恩的心》献给班主任龙恒位老师。

……

毕业典礼结束后，初三（4）班的篮球代表队与全年级师生篮球联队进行了一场友谊赛，初三年级的老师、学生及其他年级的老师闻讯前来助兴，这是一场别开生面的毕业典礼。初三（4）班的程伟、杨帆、陈海龙、李秀珠、赵亮、宁江、虎登峰等同学在陈景生教练的指导下，利用业余时间勤奋练习，篮球水平在全校闻名。在班主任赵金龙的带领下，他们以一班之力对抗全年级的师生联队，其水平之高不用言表。

这不仅仅是一场篮球赛。

初三年级的篮球健将程伟、杨帆、陈海龙、杜江勇等同学的学习都位于全年级前列，并且在书法、绘画、音乐等方面都有专长。这不正是素质教育要追求的效果吗?

篮球赛结束后，我代表学校招呼所有参与打球的师生共进午餐，虽然只是一碗简单的炒面，但我相信这是初中三年大家吃的最香甜的一顿午餐，也是最昂贵的一顿午餐。

“考试成绩对我们来说已经不重要了，因为我努力过，拼搏过，快乐过。初中三年给我们留下了很多值得回忆的故事……”学生代表如是说，老师们何尝不是这样认为呢?

2014 年 6 月 27 日，考试成绩公布。

语文人均 134.5 分，名列全县第一；数学人均 97.2 分，名列全县第一；英语人均 57 分，名列全县第四；物理人均 67.1 分，名列全县第三；化学人均 69.5 分，名列全县第三；总分 425 分，名列全县第二，比龙头学校环城初中高出 17 分。全年级的老师看到这个成绩，都百感交集，这样的成绩证明，我们的课改方向没有错，我们的付出终于有了回报。

2014 年 7 月 7 日，县会考办结合会考成绩和在册人数对全县 28 所初中进行综合考评，环县五中的数学、英语、物理、总分第一，语文、化学第二。

2014 年 7 月 12 日，高中录取工作结束，环县五中重点高中录取率全县第二，普通高中录取率全县第一，达到90%。

本届学生共取得五个第一、三个第二的好成绩，这对于一所建校只有四年，生源非常薄弱的新建学校来说是个奇迹，这对于在市、县两级着力推行的课改工作来说，具有非常深远的意义。它向全体课改人展示了：只要按照教育规律办事，只要按照学生身心的发展规律制订教学策略，只要能够点燃教师的工作激情和学生的学习激情，就会创造奇迹。

# 学习他人，但不要迷失自己

2013年4月11日，县教研室在环城初中组织了一场全县新课程改革培训活动。上午邀请了甘肃武威市第九中学的课改带头人闫艺文、李斌元、张萍三位老师上示范课，环城初中的杨惠娥、刘红、李爱萍三位老师上展示课，最后是参与培训听课的老师分组评课。下午邀请了临夏州教育科学研究所所长、甘肃省著名课改专家刘开幸老师做《提升教育精气神的品质，转变我们的教学行为》的课改报告。武威市第九中学的三名老师由于环境生疏、与学生缺少磨合、听课教师多、学生活动场地少等原因，在课堂流程和教学方法上没有体现出新课程改革的新理念、新做法。环城初中的几位老师的课堂气氛较好，但也没有体现出新理念。我觉得，如果按照过去的课堂评价，这几位老师的课仍不失其示范性。刘开幸老师的报告阐述的是新课程改革的理念、做法和评价，但观点不新，仅仅是在理论层面的渗透，要实际操作，有很大的难度。

参加本次活动的有各学校的校长及教务主任，语、数、外骨干教师，还有环城初中的全体教师，从大家的反映看，对本次活动兴趣不大。我与几所学校的领导、教师交流体会，大家觉得指导性不强，特别是对要给学校渗透一种什么样的理念、传递一种怎样的信号大家都不太明确。比如，六节示范课，本是想让老师们学习，但实际上可以借鉴的地方实在不多。几节示范课偏重于传统课堂，而专家讲的是新课程改革，看上去是在相互打架，反而使参与培训的教师有些无所适从。

时下的培训学习有很多，同一主题的培训有时表达的观点却截然相反，令接受培训者无比茫然。其实，我觉得参加这样的培训学习可以分两种情况，一种是完全抛弃自己固有的观念和行为习惯，也就是我们常说的洗脑，另一种是逐渐渗透、充实、丰富自己。前者是在多方面论证的情况下进行的彻底地变革，只能做一次，不能经常做，否则就是猴子掰包谷，到头来什么都抓不住。后者是学习时就有一个明确的目的，带着问题来，通过学习解决问题。但有时难免事与愿违，白耗费了时间却没有收获，有时甚至还会留下一些负面效果。

处处留心皆学问。我认为，我们在观察他人的行为、听他人的宣讲时，要时刻反思自己的行为，并进行比较、思考：他讲的我想到了吗？做到了吗？如果与自己的一样，说明自己的所作所为可能是正确的，可以增加自己的自信心，因为有了知音。如果他们展示的和宣讲的与自己的观点不符，就要理性地分析谁的更科学，谁的做法更符合事物的发展规律。两相比较，如果他人做得好，就要借鉴，自己的更科学，就要坚持自己的做法。

其实，很多培训学习都是把学习者带到了十字路口，反而让人很难抉择。

所以，作为一名教师，首先要明确自己的教育理念，了解自己的专长、不足、困惑，参加培训要有备而来。如果没有达到目的，可以等待下次机会，相信机会总是有的。千万不能迷失自己，把自己不需要的带回来强行吸纳，结果只会适得其反。

# 付出就会有收获

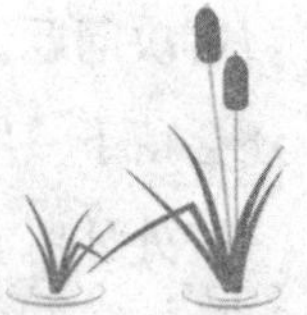

王宝虎老师是初三（1）班的班主任，并负责初三（1）班和初三（5）班的语文课教学，平时工作兢兢业业，教学效果也不错。但是第三次月考的结果却出人意料。初三（1）班学生的总成绩居全年级八个班倒数第一，初三（1）班和（5）班的语文人均成绩也很低。原因是在考试前的一周里，王老师的爱人生小孩，他得照顾爱人，就放松了对班级学生的管理，学生在学习上处于一种顺其自然的状态，能考多少分是多少分，缺乏压力和竞争力。

我感到惊讶，一个班主任的工作状态对全班学生的学风影响竟然这么大，科任教师对学生疏于管理，结果同样也是很糟糕。

我很担忧，再这样下去，这两个班的语文学习肯定会出“问题”。

我与王老师进行沟通，王老师坦言自己的缺位带来的影响，并保证在未来的一个月中会给我一个满意的答复。

……

临近期末，初三年级迎来了第四次月考。在考试过程中，我发现初三（1）班学生的状态都很好，这让我很欣慰。但我心里还是没有底，这个班的考试结果到底会不会有较大的变化呢？

考试结果出来了，全年级的人均成绩几乎没有变，（8）班的成绩与第三次月考持平，（2）班的成绩略有提高，（1）班的人均成绩提高 23 分，其他班的成绩都有不同程度的下降。

命题时，我的主导思想是要比上一次月考时稍微难一点，增加题量，给学生一点压力。进行试题分析时，大家普遍认为这次月考试题的题量和难度都比上次大，尤其是数学和英语，考数学时就连平时总能考前一百名的学生都喊累，没有做完题，其他的学生可想而知。英语试卷的阅读题和能力题也不简单。在这种情况下，初三（1）班的成绩能够有这么大的提高，实属不易。我查看了一下语文成绩，王老师所带的两个班的语文人均成绩也居同学科组首位。

有付出就有回报。这一个月中，王老师做到了勤跟、精讲、多练、善导，对所带学生分类指导，个别学生一对一督查，坚持堂堂清，天天清，周周清，把指导、辅导落到了实处。

同样有进步的还有李芳老师，她是教化学的。前三次月考时，李老师所带班级学生的化学人均成绩比另一位化学老师——郭老师所带班级学生的化学人均成绩低 10 分。李老师工作很认真，也很谦虚，只是教学经验有些不足，对教材不够熟悉。但是她好学，经常向郭老师请教指导学生的方法。看到她“出勤不出功”，我也很着急，多次与她共同分析学生的学习情况，反思她在导学过程中的得失。我提醒她，一定要了解学情，把学生的学习积极性调动起来，分层施教、分类指导。在平时的巡查中，我发视李老师每天来得早、走得迟，坚持盯人战术，努力做到节节清。这次考试的结果是，李老师所带班级化学人均成绩赶上了郭老师所带班级的化学人均成绩。李老师的努力使其所带的四个班的人均成绩提高了 10 分，分解到全年级，学生的人均成绩提高了 5 分。这可是一个不小的进步。

还有，初二年级的英语老师李慧芝，她所带班级学生期中考试的英语人均成绩是全年级最低的，与同学科组的苗佳老师所带班级学生的人均成绩（成绩最高）相比，低了 20 分。特别是（1）班，只有 3 人及格。我查阅了她所带班级初一升初二的英语成绩，及格的也只有 3 人。我意识到了问题的严重性，于是找李老师谈话，共同寻找原因，并针对性地进行解决。李老师很配合我的工作，自己也很努力。她所带班级学生的期末考试成绩有了较大的提高，人均成绩居年级中游，（1）班的及格人数上升到了 10 人。

初三年级刘艳丽老师的语文教学成绩，陈贤哲、刘彩云、慕桂林老师的英语教学成绩，慕亮亮、李占霞、王乾鹏老师的数学教学成绩也都有较大的提高。一个月来，他们都付出了艰辛的劳动。功夫不负有心人，学生成绩的提高说明教师们没有白付出。

事实说明，学生的学习成绩上不去，是教师的工作没有做到位。我相信，只要我们年级组的每一个教师拧成一股绳，心往一处想，劲往一处使，一定能向社会、家长、学校交一份满意的答卷。

# 把任务变成需要

## ——记儿子的一段减肥历程

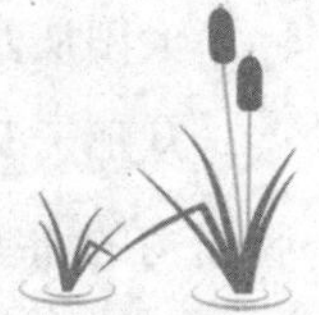

儿子小时候身体很弱，我们想尽办法给他调补。后来，变得特能吃，长得胖胖的，熟悉的人都叫他“杨胖子”。身体肥胖后运动也不方便，体质又差，所以经常感冒。我们要求儿子减肥，控制饮食，并参加体育锻炼。可他嘴馋，越限制他的饮食，他越能吃。儿子喜欢运动，台球、乒乓球、篮球都狂热过一段时间，但吃不了苦，也没有运动出什么名堂。所以，儿子的减肥计划也一直没有效果。

我对儿子的肥胖也很担忧，不过只是藏在心里，没有像妻子那么外露。每当吃饭时，妻子就唠叨个不停，儿子听着听着就腻了，有时候还会发发小脾气。

后来我感觉儿子的肥胖、懒惰还真成了我们家的头等大事。

学校组建第二课堂后，儿子报名参加了篮球队，拜在著名篮球教练陈景生的门下。能够得到名师的指导，儿子很高兴，业余时间练习得很刻苦，电脑游戏也很少玩了，体质略有增强，但一年过去了，身体还是原来那么胖。

今年8月，我到西峰举办书法展览，儿子是我的得力助手。有一天，老同学郭某请我吃饭，饭后邀我到他家一叙。郭同学与我“臭味相投”，多年的老朋友，到他家也不拘束。儿子一进门就翻起了他儿子的书柜，找出两本书——《林书豪》《奥尼尔自传》，爱不释手。临走时，同学将其作为见面礼赠予儿子。

儿子非常高兴，回家后就开始通宵达旦地阅读。

秋季开学后的某一天下午，儿子回家后特别兴奋地给我们讲，他得到了陈教练的表扬。原来开学第一节篮球课，陈教练检查各学员的假期练习情况，让学员带球过人，儿子做得最好。陈教练说："杨帆的技术进步比较大，就是身体比较胖，腹肌较弱，弹跳力不行。"

儿子说："从今天开始，我将实施减肥行动。"

太阳从西边出来了！我与妻子相视一笑，并没有当回事。

从那天开始，儿子开始控制饮食，并在平时的锻炼中增加了弹跳力和腹肌力的训练。他给自己定食谱，每顿饭只吃一碗面或两个馒头，一点肥肉都不吃；临睡前吃一个苹果，喝一瓶牛奶。

看到他饭量骤减，我与妻子都开始心疼了，劝他肥要减，但饭也要吃。但他意志很坚决，无论谁劝都不改变自己的主意。

每天临睡前，他要做 100 个弹跳，100 个仰卧起坐，100 个下蹲运动，当然，苹果、牛奶也没忘记吃。他劝我临睡前也吃一个苹果，说对身体好，还说这是科学。我不知道他的科学从哪儿来的，也许是《林书豪》《奥尼尔》介绍的吧。

他还阶段性地测量身高和体重。

有一天，我整理他的书柜，发现了一个笔记本，中间夹着一支笔。我打开一看，是一张统计表，上面有时间、身高、体重、弹跳高度的统计。我乐了，他还蛮正规地做起了研究。

随着时间的推移，儿子的身体逐渐瘦了下来。两个月以后，体重减轻了五公斤。妻子开始对儿子刮目相看，讥笑我还没有儿子的毅力。

这件事，我想了很久。妻子原来强迫儿子控制饭量，让他减肥，没有效果，后来儿子受到陈教练的表扬，出于打好篮球的目的，自觉开始减肥，而且坚持了下来，并看到了效果。假如老师给学生布置学习任务时，也能想办法把任务变成一种需要，会出现什么效果呢？

任务是被动地接受，而需要是主动地去做。同样一件事，由于感受不一样，内心的原动力不同，效果也差很多。

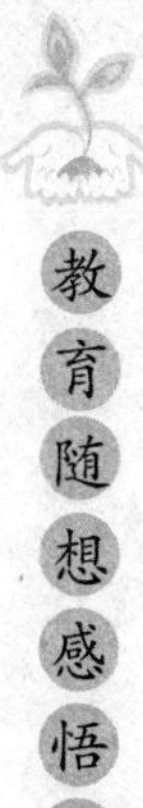


# 感动

## ——记环县五中庆祝第29个教师节“与课改同行”茶话会

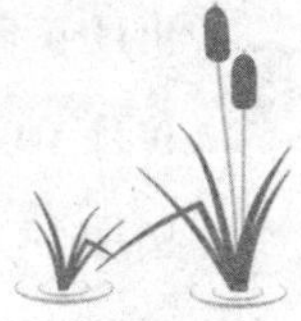

在忙碌的开学工作间隙，我问张校长：“教师节准备怎么过?”

他说：“还没想好。”

我说：“如果您同意，我可以帮您策划一个活动。”

他说：“我相信你的策划能力，你着手准备吧!”

虽然张校长同意让我策划一下活动，但从他的语气中我可以感受到他底气有点不足。因为时间太短，老师们又忙，要组织一个全校性的活动谈何容易。

就在这几天，县委调整了环县五中的领导班子，给学校派了一名党支部书记赵昌武。他原是教师出身，高中数学教得不错，多年把关高三教学，先后在环县三中、环县二中、环县一中、环县四中、县教研室工作过。还派了一名副校长田存平以及两名总务主任。学校决定趁教师节举办一些活动，让他们一进校就强烈感受一下新课程改革在环县五中的实施情况，以便以后的工作顺利开展。

于是我忙里偷闲拟定了活动方案，拿给校长征求意见。校长很满意我的方案，兴致陡增，并召集相关部门协助我开展工作。

我依照方案召集相关老师分配具体任务，由于分配给每个老师的任务都是结合他们的特长而定的，不会占用他们太多时间。这次活动的关键是给获得新课程改革奖励的教师写恰当的颁奖词，根据获奖教师的专长，我把这个任务分配给了学校的几个“笔杆子”。临近彩排，我要来稿子审阅，发现与我想要表达的意思有些差距，于是只好亲自起草。

9月8日，我坐在电脑前写颁奖词，获奖教师的亮点及课改的一幕幕如电影一样在我脑中回放。我一气呵成，写完了所有的颁奖词，情绪非常兴奋，就找来了龙恒位、胡艳红、王丽娜等老师分享，他们都觉得我写得贴近实际。临彩排前，我把颁奖词发给唐主任做润色，他做了多年的高中语文老师，文字功底扎实，经他“修理”后我更加踏实了。

9月9日晚，我把相关老师召集起来，做了初步的彩排。

9月10日上午，相关老师抽空继续排练。

9月10日下午两点半，由实习老师带班，安排学生上自习，其他老师在办公楼五楼会议大厅参加“环县五中庆祝第29个教师节‘与课改同行’茶话会”，县教育体育局副局长张玉杰应邀出席。

茶话会由胡艳红老师与新调来的卜永福老师主持。卜老师曾与我在环县一中共事，对于他的才艺我是知道的。胡艳红老师是课改骨干，很有文采，能够恰当地编写主持词，所以我相信他们的合作能为活动添彩。

茶话会在胡巧霞、唐兰兰、赵睿、乔薇4位老师优美的歌声中拉开序幕，校长发表了热情洋溢的致词，向参会教师致以节日的问候，并概述了建校三年来环县五中所取得的成绩，回顾了学校不同寻常的课改路，对教师们的倾心付出表示了诚挚的谢意。同时希望教师们再接再厉，为学校的发展共同努力。校长的致词很深情，教师们很感动，接下来的节目也让校长感动得热泪盈眶。

王丽娜、李宁两位老师以独特的方式讲述了环县五中新课程改革的故事，他们各自扮演了多年后环县五中两名退休老师在教师节重回学校，共同回忆当年课改的一幕幕……课改故事写得细腻、真实、生动，王老师、李老师的讲述也很煽情，使我们这些过来人觉得环县五中的新课程改革能够走到今天，确实不容易，其中的酸甜苦辣只有我们能够领会。

之后，节目表演与为教师颁奖交替进行。王明泰等教师的精彩节目和学生的诗歌朗诵，使茶话会精彩纷呈、高潮迭起。精心设计安排的颁奖嘉宾使大家感到意外、亲切，恰当、贴切、优美的颁奖词提高了活动的品位。课改点子奖、最佳进步奖、最佳反思奖、最佳班级管理创意奖、最佳导学

案设计奖、最佳课堂教学奖、最佳团队奖、课改最佳设计奖的颁发使教师们看到了希望，感受到了被肯定和被尊重。

最后，县教育体育局张副局长深情地发表了即席讲话，表达了对学校的赞誉与肯定，他的讲话令每位在场的教师备受鼓舞，信心大增。

以下是获奖教师的颁奖词。

课改点子奖——龙恒位、高武月、李晓丽

我校自实施新课程改革以来，遇到了很多问题，破解这些问题，不但需要耐心，更需要智慧。“问题即课题，行动即研究”，在实践中产生了很多促进新课程改革工作的好点子，如龙恒位老师的小组建设、自主学习策略，高武月老师的五步学习、分层导学策略，李晓丽老师的评价激励策略，等等，为我们破解了新课程改革的若干瓶颈难题。《孙子兵法》云：“将在谋而不在勇。”他们是我校新课程改革大军中善谋之“大将”，是名副其实的点子先生！

最佳反思奖——马文梅、郭明秀、胡艳红、吴晓晓、徐艳、许小霞、刘艳丽、毕春霞

反思自己，能使同样的错误不再重复；反思别人，能使自己少走弯路。三年来，我校撰写反思的队伍从最初的几个人到一个年级，由一个年级到整个初中部，由初中部辐射到全校老师。学校网站建成开通后，老师们把自己的反思上传分享，学校把优秀反思张贴交流。撰写反思，成了我校的一大特色。马文梅、郭明秀、胡艳红三位老师编印了个人反思集，毕春霞、刘艳丽、吴晓晓、徐艳、许小霞等老师的反思多次被评为优秀反思，并在专业刊物上公开发表。在反思中适应，在反思中成长，在反思中进步。他们获得的是“最佳反思奖”。

最佳班级管理创意奖——龙恒位、王绍明、张敦祎、郭国信

思路决定出路。在班级管理中我们往往不敢放手，不会放手。但是，龙恒位老师书写了新课程改革背景下班级管理的传奇。海之梦、浪之歌、风之声、帆之舞、冰之纯、雨之韵、雪之洁，多么高雅的小组名；“四十分钟一节课，没有预演，没有重播，只有分分秒秒的现场直播”，多么时尚的标语。不定时的主题班会，无老师的自主学习使慕名而来参观的师生络绎

不绝。王绍明老师的十二个学习生活习惯的培养，使学生的自我管理完全做到了老师在与不在一个样。张敦祎老师在年级组管理中奇招频出，开创了年级组自治的典范。郭国信老师在班级管理中做到了“人人有事干，事事能育人”。他们荣获的是“最佳班级管理创意奖”。

最佳导学案设计奖——张明政、寇永军、王丽娜、高武月、王绍明、都元元、马文梅

不打无准备的仗。在新课程改革的课堂上，导学案是学生学习、老师导学的路线图。为设计科学合理的导学案，他们到杜郎口探秘，赴前景学艺，以“老九大范式”为宗，以“新九大范式”为师，研究学情，研究教材，集体议案，个人起草，团队会诊，课后补充，最后修订。他们以特别的耐心、特别的恒心、特别的信心带领自己的团队发挥集体的智慧，撰写了符合学情的分层次导学案，确保了新课程改革工作的顺利实施。他们获得“最佳导学案设计奖”。

最佳进步奖——慕亮亮

慕亮亮，一个平凡的名字，一个刚进校门后连续上了四次汇报课均不合格的老师。在无人可替换的困难情况下，他被“逼”带初三年级。第一次月考，他所带的初三（2）班数学平均成绩比初三（7）班的平均成绩低了41分。但是，他不气馁，不服输。他找学生谈心，向同行请教，寻找自己的不足，提升教学能力。课堂内外，时时可见他忙碌的身影；不分专业，人人都是他请教的对象。“不为失败找借口，只为成功找方法”，最后，他所带的学生中考数学成绩高于全县平均成绩16分，创造了自己的辉煌。今天，他荣获了“最佳进步奖”。

最佳课堂教学奖——魏素珍、郝丽娟、毕春霞、苗佳、郭明秀

“出水才看两腿泥。”新课程改革搞得好不好，还要看学生的成绩能不能上去。在我们的新课程改革团队里，魏素珍、郝丽娟、毕春霞、苗佳、郭明秀五位老师的课堂充满了激情与欢笑，她们以爱心温暖学生，以信心鼓励学生，以诚心打动学生，以智慧点燃学生，自主探究使学生能力得到提升，互助合作使学生共同进步，她们的教学成绩在学校组织的多次考试中，一直名列同学科组第一，特别是魏素珍老师的数学平均成绩在中考中

高于全县平均成绩25分，创全县单科成绩之最。她们获得的是“最佳课堂教学奖”。

最佳团队奖——魏素珍、李占霞、王乾鹏、慕亮亮、刘彩云、王涛、陈贤哲、慕桂林、孟小丽

“拧成一股绳，心往一处想，劲往一处使，共圆一个梦。”这是原初三(8)班的口号，也是整个初三年级的口号。初三年级英语组、数学组的全体教师发扬取长补短、团结协作的互助精神，“人一之，我十之，人十之，我百之”的拼搏精神，废寝忘食、不计报酬的牺牲精神，用自己的行动践行了这个口号。今年中考，英语组的平均成绩位居全县28所初中第七名，数学位居第二名，为环县五中赢得了良好的社会声誉。他们是环县五中最可爱的人，荣获的是“最佳团队奖”。

课改最佳设计奖——张兴斌

2011年的春天，在环县五中的校园中，有一个人萌发了一个大胆而坚定的想法，他要带领他的团队以一种别样的方式撑起环县五中的天地。他搜寻教育新理念，探索课堂新模式，赴齐楼、访杜郎、走昆山、探挥中，找寻课改真经；他倡导教师隐身，学生上线，把课堂还给学生；他写反思、开论坛、办刊物、建网站，提升办学品位。因为有他，环县五中的教师快速成长，优质课、演讲赛、运动会、书画展、课堂设计捷报频传。因为有他不懈的努力，环县五中的新课程改革才有今天的风采。他就是我们可敬可亲的班长——张兴斌校长，今天，他当之无愧地被他的队友、他的学生评为环县五中课改最佳设计者。

茶话会结束后，张校长心绪难平，激动之余，连夜撰写了一篇观后感——《环县五中，有什么理由不办好?》发表在学校网站上。

一群年轻人，一周的策划，一晚上的排练，硬是在繁忙的教学工作之余，搞了一个有模有样的庆祝教师节的茶话会，活动的主题是“与课改同行”。

会上，大家用文艺的形式回顾了我校两年多来走过的艰难的课改之路，表彰奖励了为环县五中课改事业做出突出贡献的几十名教师。既营造了节日气氛，愉悦了师生身心，又强化了课改思路，激发了课改热情，实在是

一场有意义的活动。

整个活动虽略显粗糙，但瑕不掩瑜，其构思的新颖、音乐的大气、主持的大方、表演者的自如、颁奖词的精彩，都让人不得不佩服这些年轻人的才华。台上台下的真情互动，采访与对答的机智幽默让人难以忘怀。老师们对课改日子的历历在目，对课改故事的如数家珍更是让人感动不已。当王丽娜与李宁两位老师的小品演到中场时，我有点热泪盈眶了；当两个起始年级组整体进行课改宣誓时，我有点热血沸腾了；当出乎意料地给我颁发了一个课改设计奖时，我感到有点受宠若惊了，因为我的另一个搭档杨树岳主任也当之无愧，也因为我从来没有得过这样一个级别最低，但分量最重的奖。

说实话，没有这一帮鲜活可爱的年轻人的倾情奉献，课改是做不成今天这个样子的；没有全体环县五中人的团结一心，课改示范校是不会在一个刚建成的学校落脚的；没有大家脚踏实地、义无反顾的课改探索，也不可能有这样一场主题鲜明、内涵深刻的课改茶话会。

这场面，怎能让人不感动？这情景，怎能让人不作为？

环县五中，有什么理由不办好？

部分教师也激动不已，写了很多观后感。

### “茶话会”随想

刘香平

曾记得在课改当初，张校长这样追问：“我们课改的根在哪里？课改的灵魂是什么？新课程改革之路应如何走？走向哪里？如果对这些问题没有清醒的认识，没有疑问，没有定位，我们的教学课改之路必定会迷失方向。”是啊，当思考与行动定格在9月10日这个特殊日子的时候，一场茶话会全面展示出了我校课改的全貌。

我校实行课改两年多以来，一批又一批的教师来到环县五中这所新学校，加入到环县五中课改的行列。让我感到惊奇的是，但凡来到这里的教师都不甘落后，都行着问，问着明，明着做，将环县五中的课改与发展引向了正确的道路，课改队伍也由最初的34名“土八路”壮大到现在的200多人。善于独立思考、善于质疑、善于追问且具有教育家思想的掌门

人——张兴斌校长抓住了时代赋予他的大好机遇，在千里追寻、东学西取后，在杜郎口模式的基础上引导我们成功地胚生出了自己的教学模式——自主教育。

今天这场茶话会意义深远，总结过去，讲解现在，展望未来，环县五中课改的路还很长。过去，我们没有被五花八门的课改浮云遮住眼，一路大胆地追问，坚信自己，在探索中为环县五中的课改打开了一扇窗，让我们从一个全新的视角去思考环县五中的课改，观察环县五中的课改；我们的未来不再是梦，当初期待由课改改变环县五中的行走足迹的，所有在这里辛勤工作的人在今天都证实了这一点。常言道：没有金刚钻，别揽瓷器活。我们没有金刚钻却揽下了环县五中课改的“瓷器活”，结果又磨出了金刚钻，所以功夫不负用心人啊。

## 这就是环县五中

苗　佳

9 月 10 日，我校举办了庆祝第 29 个教师节茶话会，还特别邀请了县教育体育局张副局长。参加演出的教师们个个充满激情，个个都很阳光，给在座的领导和教师带来了欢声和笑语；参加演出的学生带给我们教师最多的就是感恩和慰藉，一下子把我们全身的疲惫和紧张都赶跑了。整个活动带给我最多的是感动，除了感动还是感动。为什么呢？因为自从踏上课改这条路的那一刻起，教师们都是从迷茫到坚定，从怀疑到最后得到认可，进行了不断地尝试，不断地改进，这一路的艰辛我想大家是最难以忘记的。张校长的执着感动了我们，他无视外界的猜疑，一直鼓励我们，不断地为我们加油打气，在我校资金紧张的情况下，他还带领教师外出学习。我们这么年轻，为何不去拼一次呢？就像王丽娜老师说的，在蒸馍馍的时候，添加点新课程改革的调料，味道就会更好。还有我们的学生，也是经历了从胆怯到自信，从混乱到整齐的过程。尤其是上届毕业班，教师创造了奇迹，学生走进了自己理想的高中，这一切都证明了课改这条路我们走对了。

祝愿环县五中的明天会更好！

## 别开生面的教师节

郭明秀

教师节进行到第29个，我也不多不少地过了29个，但从来没有哪个教师节像今年这样别开生面、令人感动和难以忘怀。回想过去的29年，我可以问心无愧地说，哪一年的工作我都是兢兢业业地做的，哪一届的学生我都是尽职尽责地教的。我甚至觉得“默默无闻”是我的本分，工作的目的不是为了学校怎么看，领导怎么评，在我的字典里，几乎没有“被认可”或者“不被认可”的字眼。可是，今年我得奖了，被认可了，感觉真的很好。

“与课改同行”茶话会，仿佛让我又回到了访齐楼、探杜郎、做交流、搞尝试的情境中，当初的那种迷茫、兴奋、艰辛仍历历在目。当我被评为“课改优秀教师”走上领奖台的那一刻，我觉得自己受之有愧、受宠若惊。我何德何能？论文凭、论职称、论成绩、论贡献，我哪一样都不是最好的那个，当我校课改大潮风起云涌时，我却抱病在家休息了一个月，耽误了毕业年级的课程，至今我都感到愧疚。我也曾以年龄大、身体多病为由请求学校调整我的工作，想起这些我都觉得惭愧。我们的掌门人、老班长，环县五中课改的设计者——张校长也领到了一份当之无愧的奖品，他激动得像个孩子，眼圈都红了。我突然间才发现，他的头发几乎全白了。我清楚地记得两年前上级领导视察学校批评他形象差，说他头发乱要他去理发，那时他的头发还是黑的。两年时间，他竟然熬白了头，看来他这校长当得一点儿也不轻松啊！

捧着奖品，我感觉到了它沉甸甸的分量。我想这个教师节留给我们的不应该是茶话会上的水果、聚餐时的酒菜，而是一种感动，一种感染，一种鼓舞、鞭策和激励。

# 过程比结果更重要

## ——儿子的一次书法比赛带给我的思考

今天是星期六，早晨继续早起，而且比昨天还早。五点钟我与儿子就穿戴好了，等待环城小学郑老师的电话，我们将一同赴西峰市的青少年宫参加全市青少年才艺大赛书画组的现场测试，同去的还有环城小学的学生高洒、朱丽颖。为了能让儿子取得好成绩，在最近几天，我利用业余时间对儿子进行了强化训练。儿子聪慧，进步比较明显，且自信能够取得好成绩。

到了市青少年宫，工作人员已经布置好比赛场地，比赛将在一个大活动厅里进行。按照要求，参赛选手先参观各参赛选手事先提交的作品，然后按组别进行现场书写，最后由评委打分，得出比赛结果。评分标准兼顾事先提交的作品和现场书写的作品。

儿子走进比赛场馆，仔细观看了挂在四壁的其他参赛选手的作品，默不作声。我将儿子的作品与其他参赛选手的作品进行比较，觉得儿子的书写水平能够占个中游吧。我问儿子："你觉得其他选手写得怎么样?""比我写得好多了!"儿子沉重地答道。

这时市青少年宫的李主任（著名书法家）听到了儿子的回答，说道："你还以为这是在环县，唯你独尊，这里高手如云啊!"我请李主任点评一下儿子的作品，他谈了两点，一是儿子写得太快，笔力没有送到位，二是有个别字书写欠准确。

李主任评得很到位，儿子听得很认真。我问他书写时能否把这两点改

过来，儿子点了点头。看得出，儿子有了压力。

比赛开始了，由于参赛选手多，要分两组进行。儿子报名迟，被分到了第二组。但由于有些选手没有按时到，就又把儿子替补到了第一组，这一折腾，弄得儿子更加紧张，连我也有些紧张了。我虽然也写了近二十年的书法，但这场面还是第一次见到，何况儿子只有 12 岁。我帮他摆好笔墨纸砚，再一次强调了注意事项，就退出了场馆。

九点二十分，以陇东学院美术学院院长徐建新为评判长的九名评委列队走进比赛场馆，主持人宣读了比赛规则和评分标准，介绍完评委后宣布书写开始。我坐在车里养神，刚眯了一会儿，郑老师就把我弄醒，给我看他拍的照片，说儿子发挥超常，写得不错，电视台的摄像师录了很长时间。我一下子没了困意，“抢”过他的照相机，径直走进了比赛场地。

儿子一看见我就紧张，所以我没敢直接走到他跟前，只是远远地偷偷观察着，发现他写得特认真。我看他写完了，就走过去说：“写得不错，等会儿再写一幅，哪幅好就交哪幅。”儿子大汗淋漓，手上沾了不少墨。我给他擦了擦汗，就走开看其他选手书写。这些孩子中年龄最小的只有 8 岁，最大的 15 岁，大多数是市区书法班的学员，各县也分别选送了一部分。从书写水准看，市区的选手明显高于各县。我不时地偷偷观察儿子，他做了几个深呼吸，平静了一下心绪，就开始写第二幅了。

这时的评委们正在来回巡查选手们书写，在巡查过程中对个别选手书写出现的问题进行现场辅导，看到这，我想主办方把现场比赛演绎成了现场辅导，对选手来说可能更有意义。评委老师我都熟，因此，没有把我请出场外，我忍不住又走到了儿子跟前，帮他伸纸。儿子没有反对我的存在，仍然在全神贯注地书写。终于写完了，盖完印后，我把两幅作品放到地上，请一名叫李鼎峰的评委（他是我市著名的书法教育家，曾获第三届中国书法兰亭奖教育奖）点评一下儿子的作品。儿子今天写的两幅作品比事先提交的那幅好很多，但李老师还是指出了一些不足，提出了较高的要求。

比赛就这样结束了，最终的结果在 6 月 19 日的颁奖晚会上才能揭晓。我想，对儿子来说，结果已经不那么重要了。因为在整个比赛过程中，儿子已经尽力做到了最好，这是他现阶段最高水平的展现。有很多选手水平高于他，这是现实，且短时间内不会改变。重要的是，儿子通过观看其他选手的作品，听评委老师的点评后，发现了自己的不足，明确了下一步学习的方向，我觉得这对他来说才是最重要的收获。也许，通过努力，明年再参赛时，他就是其中的佼佼者了。

其实，很多事情就是这样，过程比结果更为重要，因为结果只是暂时的，是静态的；而过程的重要性体现在其搞清楚了结果产生的原因。只有知道了自己的不足，才能准备弥补的措施。有了措施，有了方向，有了目标，才会有理想的结果。理想的结果往往是由很多不理想的结果积累而成的，虽然我们追求的是结果，但我们更应该看重过程，因为过程让一个结果超越另一个结果。有了对过程的感悟，今天才不会重复昨天，才会超越昨天。

# “现在的孩子怎么了？”

## ——当代家庭教育的现状及对策

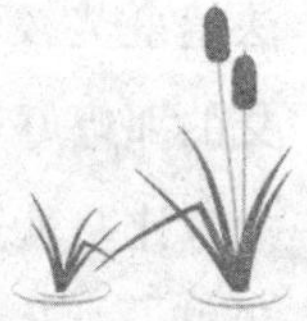

我曾经遇到这样一件事，引起了我对家庭教育的关注。

有一天，一位四十岁左右的职业女性找到我，要求学校接收她的孩子，把孩子安排到我校高一年级上课。我没有明白她的意思，经过询问，才知道事情的原委。

她的孩子本来是在我校高一年级就读，但家长不甘于此，千方百计托关系，找门路，把孩子转到环县一中借读。很显然，家长是对我们环县五中的管理和教师的教学没信心。但出人意料的是，她的孩子到环县一中后，没有上满一周课，就因为与学生打群架被退了回来。家长没办法，这才要求回环县五中复学。

按理说，学生要求复学，我没有办法拒绝，因为孩子的学籍就在我校。可是，他是违纪后被学校开除的，这不由让人得多加考虑。现在，各校的安全形势异常严峻，按照主管教育的副县长的说法：“校长要拿出百分之五十的时间抓安全，一名副校长要拿出百分之百的精力抓安全。”这个因为打架被开除的学生就像颗“定时炸弹”，不了解情况谁也不敢随意接收。

但是，我还是觉得应该尽量给孩子提供学习的机会，哪怕费些周折，毕竟是为了教育孩子。我让家长把孩子带来，想与孩子先沟通一下，观察了解一下这个孩子的违纪动机和潜在的素质。

孩子来了，经过一番交流，我发现这个孩子没有什么大问题，就是有点厌学，好打抱不平，心思没有用在学习上。这样的孩子只要端正了学习

态度，还是能成为一名好学生的。

我给这个孩子摆事实，讲道理，鼓劲打气，让他相信自己，树立信心，在老师的帮助下，他一定会成为一名好学生的。我和他说，只要他能做到我所要求的，我就收下他。

这时，他妈妈指着他的鼻子突然发话了：“我对你一点信心都没有了，我也不指望你成为好学生，将来能有什么出息。你只要不再给我惹事，我就谢天谢地了！”

孩子愣住了，我也愣住了。有这样的家长，孩子不出问题才怪。

我回过神后，把孩子支开，又与家长进行了沟通。从家长口中得知，这个孩子在小学阶段还是非常优秀的，但在升入初中后，迷恋上了网络游戏，家长的教育方法也不当，结果使孩子越走越远。家长已经对孩子失去了信心，见了孩子不是呵斥，就是打骂。孩子感受不到家庭的温暖，怎么可能回头呢？

这件事让我想了很多。曾有人形容学校教育同家庭教育、社会教育的关系是“5＋2＝0”。意思是学校教育、社会教育、家庭教育的理念不同，甚至相排斥，最后是教师对学生辛辛苦苦一周的学校教育往往会被周末两天的社会教育、家庭教育抵消。从中小学教育到走向社会的大学生教育，各个阶段的教育要求不一样，评价标准也不一样，但大家有个共同的感受，就是教育的失败之处大于成功之处。

我们经常可以看到、听到许多人对刚参加工作的大学生的评价：不会做事，不会做人，不会沟通，唯我独尊，等等。

现在的孩子怎么了？人们常常这样自问。但大多数人在抱怨、指责孩子的不是，感叹社会复杂变味的同时，有没有反思一下问题的根源到底在哪呢？

我以为，当代教育的最大败笔在家庭教育。

目前的家庭教育到底是怎样一个现状呢？经过调查，我把家庭教育的行为归结为以下几类。

（1）放任自流型。这部分家长文化程度不高，自己读书时属于学业成绩不好的一类学生，做家长后对孩子的教育和前途没有远大目标，对孩子的发展放任自流，发展得如何全凭“命”来做主。这种家庭的孩子大多数自我约束能力差，容易受一些如游戏、赌博等不良因素的影响。他们在学龄前以及小学阶段一般比较优秀，但随着年龄的增长、自主意识的增强，容易受一些物质和精神方面的诱惑，沉迷于电子游戏，产生其他不良爱好，逐渐厌学，成为学困生甚至问题学生，甚至辍学。这类不负责的家长占20%左右。

(2) 形影不离型。这部分家长对孩子的期望较高，过分相信自己的价值观和能力，对孩子不放心、不信任，完全把孩子掌控在自己的视野和思想之下才能安心。孩子做作业要陪同，孩子上学要陪同，孩子玩耍也要陪同，这些家长不仅做到了“三陪”，而且是竭尽全力的“全陪”。造成的结果是孩子没有主见，没有思想，没有爱好，依赖性强，成为生活中的弱者。在这类家长教育、影响下的孩子长大后往往与社会不能融为一体，很难在社会上立足。这类家长的这种做法其实是在毁孩子，剥夺孩子发展的空间。这类家长占10%左右。

(3) 绝对权威型。这类家长非常强势，习惯让别人服从自己，有“虎妈”“狼爸”之称。他们能够给孩子一定的发展空间，但自己的要求、观点孩子必须绝对服从、绝对执行，哪怕是错误的孩子也要照做。假如家长的言行是科学的、符合客观实际的，孩子服从问题还不大；但如果家长的“三观”有问题，自己下达给孩子的命令是错误的，时间长了，孩子就无法形成正确的价值观和是非观，这种后果就有些可怕了。这部分家长给孩子造成的压力很大，特别是孩子达不到家长的要求时，家长还会采取一些惩罚措施，使孩子与家长逐渐对立，部分孩子能够按照家长的要求做，但缺乏创新意识，“奴性”较足；个性强的孩子会觉得家长不理解自己，会背着家长做一些自己喜欢的事，渐渐地与家长疏远，不与家长交流，时间长了也容易在成长中出问题。这类家长占10%左右。

(4) 纵容袒护型。这类家长私心较重，以“我”为中心，对孩子特别宠爱，当孩子与伙伴发生矛盾时，不管谁的错，首先考虑的是如何袒护自己的孩子。同时，这类家长对孩子比较纵容，孩子容易养成飞扬跋扈、恃强凌弱的不良习气。这类家长看似关心孩子，实质上平时给孩子传递的是

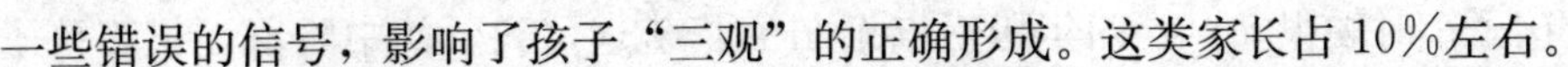

一些错误的信号，影响了孩子“三观”的正确形成。这类家长占10%左右。

（5）寄养亲属型。我所在的学校，单亲或孤儿学生约占15%，其中的90%都属于问题学生。这类孩子有的父母离异，有的父母一方亡故，有的父母双亡，由爷爷奶奶或其他亲属照看。他们缺少父母的爱，缺少家庭的温暖，比较自卑，在心理上形成缺陷，受到歧视，性格孤僻乖戾，很容易被社会上的不良行为诱惑，大多数都不能完成学业。

（6）循循善诱型。这类家长有耐心，也有智慧，对孩子的期望值较高。他们懂得从细节着眼，善于观察孩子的心理变化，并能恰当地进行引导，拥有这样的家长，孩子是幸福的。这类家长能占25%左右。

（7）和谐民主型。这类家长受过良好的教育，懂得教育规律，能够听取孩子的意见，尊重孩子的选择，是孩子的良师益友，孩子能够健康、快乐、全面地成长。接受这种家庭教育的孩子都比较优秀，是同龄人中的佼佼者。这类家长占10%左右。

从上述分析可以看出，绝大多数家长除满足孩子的物质需求外，对孩子其他方面的教育和引导都是存在失误的，这就导致优秀的孩子始终只占少数比例。我连续对几个年级的优秀学生进行调查，他们中90%以上的学生所受的家庭教育比较好，而许多问题学生、学习成绩不理想的学生在家庭教育方面都存在一定的缺陷或者很大的问题。我所在的环县，小学一年级入学的学生人数在七千左右，初中毕业时学生就剩下五千左右，升入高中的学生则只有三千左右，最终能考入二本大学以上的学生不到一千人。约85%的学生由于各种原因未能圆大学梦，未能接受完整的教育，在基础教育的不同阶段就流失或分流了。

这么大比例的孩子由于教育的缺陷过早地走入社会，成家立业后又用自己所受的教育继续教育下一代，我们的国民素质如何能提高呢？

一个人所受的教育主要分三大类：家庭教育、学校教育、社会教育。在这三种教育中，家庭教育非常重要，处在第一位。

回顾当代家长所受的教育，层次不齐，他们中的很多人只有望子成龙、望女成凤的美好愿望，但却缺乏对孩子心理表现得特点和年龄特点的了解，对孩子表现出的一些行为缺乏科学的应对措施。很多家长都有这样的体会，孩子小时候很乖，到四年级后渐渐与家长疏远，到了初中阶段，很多孩子的逆反心理特别强，开始与父母“对着干”，父母的权威受到挑战，显得很无助。

其实，这就是当代教育的缺失产生的不良影响。仔细审视一下近几年关于教育的话题，我们不难发现，我们的教育过多关注的是学校教育，而淡化了社会教育，更忽略了家庭教育。

那么，在现阶段，我们该如何推动家庭教育，提升家庭教育的层次呢？

一是举办家长学校。由教育行政部门联合工会、妇联等组织，以社区为区域创办家长夜校，聘请优秀家长、教育专家授课，给家长讲解孩子成长的心理特点及性格特点，现身说教孩子在各个阶段出现“问题”后家长的应对策略。比如，环县一中的学生徐明以全省理科第二的成绩考入清华大学后，其家长作为家庭教育的典范，曾被妇联和一些学校邀请给家长做家教指导。类似于徐同学家长这样的优秀家长有很多，而一些家长对孩子的教育问题束手无策时也迫切需要有人指点迷津，如果把一些在家庭教育方面做得比较优秀的家长聘为家长学校教师，给其他家长分享一些他们的教育方法，将是一大善举。

二是建立家校联盟。以学校为主体，以年级组、班级为单位，创建家庭教育联盟委员会，定期与家长互动、沟通，开展培训，提升家长的教育境界和教育方法，统一家庭教育和学校教育的思想、策略；开展家庭教育沙龙，分享科学、优秀的教育经验，为孩子的成长铺路搭桥。

例如，对问题学生，我从朋友处分享了一个经验，觉得很有借鉴价值，就又把它分享给我的同事、朋友。这个案例是这样的：

我的朋友是个书法家，也是单位部门的主要负责人，他的孩子上小学二年级后表现出厌学情绪，家长多次教育均没有效果。家长想，作为孩子，总会有他喜欢的游戏或活动。于是，他领着孩子走遍了西峰所有的特长班，最后发现孩子对乒乓球比较感兴趣，于是他就把孩子送到了乒乓球训练馆。一段时间后，他发现孩子的情绪没有以前那么烦躁了，对乒乓球的训练也很专注，于是他又把孩子送到山东的国家乒乓球训练基地，让孩子一边训练乒乓球，一边学习文化课，结果孩子球打得越来越好，学习成绩也上去了，成了一名有特长的优秀学生。

这位家长对孩子很有耐心，也有良好的应对之策，最后获得了意外的收获。但我们的很多家长视孩子的爱好、才艺为洪水猛兽，眼中只有分数，通过各种方式逼迫孩子不惜一切代价提高分数，结果使许多孩子不但没能提高分数，反而厌学、辍学，沦为社会的“帮教”对象。

教育是个复杂的工作，不但要有耐心，而且要有爱心，有韬略。教育的过程也是一个与孩子斗智的过程，有时候要“曲线救国”，旁敲侧击；有时候要“放任自流”，欲擒故纵。下面这个案例就包含了一定的教子智慧：

有一位农民，孩子上学第一天放学回家，他问孩子：“你今天都学了哪些内容，给爸爸讲讲好吗?”孩子就兴奋地给爸爸讲了他在学校学到的知识。以后，孩子每次放学回家，这位父亲都会让孩子给他讲孩子这天在学校学的内容，时间久了，孩子放学给父亲讲课成了一种习惯，一种义务。孩子在学校听课特认真，唯恐漏掉知识，唯恐自己没有搞懂，给父亲讲解不清楚。最后这名孩子以能力和分数双优的好成绩升入重点大学。

这是一位非常聪明的家长，他的教育方法很简单，却胜过对孩子无数次的怒骂与呵斥。

三是政府部门要把家庭教育纳入考核。家庭教育不仅仅是一个家庭的事，一个孩子成长为怎样一个人，不是父母单方面的事，还关系到社会和国家的未来。所以，政府部门要以社区为单位，制订相应的家庭教育运行机制和考评机制，形成全社会都关心教育、推动教育发展的良好氛围。这样，我们才能为社会多培养一些合格的人才，才能在未来的国际竞争中占有优势，才能圆强国梦，才能实现中华民族的伟大复兴。

# 别让金钱影响孩子的成长

## ——家长在孩子不同成长阶段的教育误区

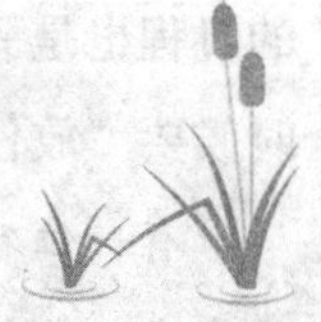

在中学任教20多年，经常看到这样一个现象：有些家境贫寒的孩子成绩优秀，科场得意，家庭经济宽裕的富家子却每每落榜，令家长颇多惆怅。有同事感叹，能上大学者无钱供养，有钱供养的孩子考不上大学，能考上大学且有钱供养者当属幸运，但能沾上这幸运的人实在不多。人生总会有些许遗憾，教育也一样。

一个人从出生到结婚生子，通常都要经历学前、小学、中学、大学、谋职、成家等几个阶段。在每个阶段，孩子与家长之间的关系都会发生微妙变化。

孩提时代，孩子从懵懂中睁开双眼，开始感知生活，认识世界，一切都是那么美好，一切都是那么新奇，本能的好奇心促使他们对所有的事物都想探个究竟。此时的他们不知道什么是危险，不知道什么是珍惜，一切都需要家长的引导。因此，这一阶段的孩子对家长有一种很强的崇拜感和依赖性，认为家长简直是个通才，无所不知，无所不能。这是一个人最单纯、最可爱的一段时期。这一阶段是一个非常重要的阶段，有科学家指出，一个人的很多性格特征就是在这一阶段形成的。所以家长在溺爱正处于这一阶段的孩子的同时一定要引导孩子分清什么可为，什么不可为，帮助孩子形成正确的认识。如果家长一味地妥协、迁就孩子，就会使孩子形成以自我为中心的霸道习气，这种习气一旦形成，将会给孩子以后的发展埋下不利因素。

小学阶段，是孩子开始学习知识的美好时期。每个孩子都是怀着对校园生活的憧憬高高兴兴地跨进学校的大门的。然而，他们又会很快认识到，读书学习并没有他们想的那么简单，背诵、练习、读写、作业等任务使部分孩子觉得学习并不好玩，一些必要的劳动更使他们厌烦。家长心疼孩子，作业代替写，劳动代替做，孩子的一切要求都尽量满足，只要孩子不“受罪”。于是习惯成自然，随着孩子年龄的增大，他们的惰性增强了，胆子变大了，“胃口”也更大了。有些孩子觉得自己让家长怎么着都是理所当然的，家长就该怎么着，其凌驾于家长之上的性格特征已经显现。不做作业，可以瞒着家长花钱雇同学做；与别的孩子闹矛盾，要家长为自己出气；要钞票，家长就得出手大方。有些孩子乱买食品、乱买玩具甚至乱花钱的现象非常严重。可以随意花钱的经验让孩子觉得钱可以给自己带来很多方便，而对钱的使用也分散了孩子的注意力，使孩子对学习的注意力明显减弱。

中学时代，是如花的季节，是充满遐想的季节，也是孩子们最容易迷茫的季节。中学六年是孩子的生理与心理变化最大的时间段，第二性征出现时的羞涩、对异性的好奇、对未来的憧憬、对社会上一些是非的迷茫等都困扰着孩子。孩子迫切需要有人与他们交流，与他们谈心，帮助他们化解疑团，解开困惑。这一阶段家长与学校的沟通、与孩子的沟通就显得尤为重要。然而某些家长忙于赚钱，对孩子表现出的一些行为不关心、不理解，甚至打压，结果造成亲情淡化。目前初中生违纪主要体现在因男女关系发生打架斗殴或盗窃事件，他们缺乏责任意识，不知道哪些事可为，哪些事不可为，在小学阶段养成的骄狂心态进一步发展，想怎么做就怎么做，有严重不良后果了，自有家长来收拾烂摊子，所以孩子觉得这样干并没有什么不对。对孩子在中学阶段表现出的种种行为有许多家长不理解，认为这是两代人之间无法逾越的“代沟”现象。但我认为这“代沟”不是无法逾越，而是因为家长不懂得孩子的成长规律，不懂得孩子的心理状态，不知道这个阶段的孩子是特别需要心灵上的疏导和关爱的。家长与孩子之间无话可说，不是因为“代沟”太深，而是因为家长没时间与孩子交流，没有与孩子沟通的意识，不知从何说起。于是孩子觉得与家长没有共同语言，家长不理解自己，而家长觉得孩子不可救药了，家长与孩子之间的隔阂越来越深。

好不容易上了大学，结束了高中紧张的生活，心情一下子放松下来，自由、舒适的大学生活让这些情窦初开的少男少女们觉得自己仿佛进入了西方神话中的伊甸园。在大环境的影响下，一些孩子缺乏上进心，赶时髦，过早地男女同居，过上了没有责任、没有负担的浪漫的“家庭”生活。没有理想，没有追求，注重现实，追求享乐，在部分大学生身上一览无余。而经过一番拼打，谋职，成家生子之后，孩子才会真正懂得生活，懂得父母的苦心，才会真正长大。但等到那时一切都晚了，于是只好又把自己的希望寄托在自己孩子的身上。然后，又用父母教育自己的办法教育下一代，甚至比父母还舍得花钱。

当然，并不是所有的家长和孩子都是这样。归纳一下，家长对孩子的教育大致可分为三种类型：第一种类型是家长把孩子管得过死。孩子在学习上、行动上要完全按照家长的意志行事，体现在生活上就是家长给予孩子最大化的包办，孩子成为家长意志的反映。这种教育方式下的孩子一般唯唯诺诺，小心谨慎，没有个性，没有追求，没有理想，等、靠思想严重，生存能力差，但不会走得太偏。第二种类型是家长放纵孩子，用钱说话，结果使孩子越走越远，最后毁了孩子的前程。第三种类型是家长对孩子宽严有度，做孩子的朋友，经常与孩子沟通交流，对孩子表现出的一些兴趣和欲望也适度满足，在孩子迷茫时能够帮助孩子把握航向，使孩子觉得可亲可敬。从这种教育方式中成长起来的孩子一般过得比较轻松，比较开心，比较优秀，属于人们心目中的“好孩子”。一般来说，处于第一、第三种教育方式中的孩子占大多数，然而让我们痛心的是，处于第二种教育方式中的孩子还占有相当大的比例。

教育需要花费金钱，金钱可以改善教育的物质条件。在过去，很多家庭由于缺钱而无法让孩子受到较好的教育。现在，很多家庭有钱了却教育不好孩子。于是人们不禁会问：现在的孩子怎么了，要什么给什么，还不好好学习，好好做人？殊不知，一个人在社会上立足，要有良好的品德，要有自强不息、不甘人后的奋斗精神，要有仁爱之心，要有对家庭、对社会的责任心，而这些都是要从小培养的，要家长与学校携手打造的，是用

金钱换不来的，是需要金钱之外的情感投资、时间投资的。

为了孩子的未来，为了祖国的未来，请家长朋友们善用自己的金钱，有限度、讲方法地用金钱“浇灌”自己的花朵，多陪陪孩子，多与孩子聊聊，做孩子的知心朋友和成长的航标！

# 后　记

校对完最后一篇稿件，我思绪万千，回想起来，到环县五中四年多的时间，我经历了很多，每一步都走得不容易。

我的第一学历是中师，以后学历虽有变化，但都是在职学习获取的。学历的单一、知识的浅薄使我很自卑，总觉得在教育这个行业里我没有发言权。进入环县五中后，学校的发展需要教师的专业提升，教师的专业提升需要我们管理人员的引领，于是我开始用稚嫩的文字与老师们探讨关于教育的话题。我的好友、学长，环县一中教研室主任谷鹏利先生经常对拙作进行点评，给我信心；天水师范学院副教授郭治锋先生是我表兄，教语文教学法的，在甘肃省称得上是专家，经常通过QQ给我指点，并在百忙之中为本书作序；江苏凤凰教育出版社的专家对文稿也提出了修改意见。在此，我诚恳地向给我帮助的所有朋友、学长、教育同人表示感谢，没有你们的关心、鼓励、帮助，就没有这本小册子。

本书所辑录的43篇文章是我从百余篇教育类文章中精选出来的，内容或关于教师专业成长，或关于学法指导，或关于教育现象解析，它们不同程度地对教师的教学工作具有一定的指导意义，但毕竟属于一家之言，敬请广大教育专家、同人批评指正。

# 江苏凤凰教育出版社
# 《行知工程》系列丛书目录

| 系列 | 序号 | 书名 | 主编 | 定价 |
| --- | --- | --- | --- | --- |
| 生态化校园系列 | 1 | 《点燃学习的激情——构建校园生态化学习型组织》 | 杨树岳 | 30.00 |
| | 2 | 《课改突围——构建学校生态化教学体系》 | 杨树岳 | 30.00 |
| 信息化教学系列 | 3 | 《巧用白板教语文——信息技术与语文教学操作指南》 | 蒋丽清 | 30.00 |
| | 4 | 《跨越式实现高效课堂<br>——信息技术与课程整合高效教学方案评析》 | 陈玲 刘禹 | 30.00 |
| 教育新思考系列 | 5 | 《语文教育向何处去》 | 王丛 | 26.00 |
| | 6 | 《教育，就是做好普通的事》 | 孙志毅 | 27.00 |
| | 7 | 《走出语文的偏见——让学生体悟文本的原义》 | 丛智芳 | 30.00 |
| | 8 | 《让语文教学更高效——批注式阅读教学探索》 | 韩中凌 | 30.00 |
| | 9 | 《读写互促——探寻学以致用的语文教学》 | 曹龙 | 30.00 |
| | 10 | 《跳出数学教数学——用文化融通数学教学》 | 马建秀 | 27.00 |
| 学生心理解码系列 | 11 | 《孩子问题行为一点通<br>——只有好老师才知道的学生心理谜底》 | 严育洪 | 30.00 |
| 教师必读系列 | 12 | 《教师必学的16堂修养课》 | 武宏伟 | 30.00 |
| | 13 | 《教师不可不知的教学心理效应》 | 叶勇军 | 30.00 |
| | 14 | 《班主任不可不知的管理效应》 | 奚一琴 | 30.00 |
| | 15 | 《教师不可不知的教育心理效应》 | 孙媛 | 30.00 |
| | 16 | 《校长不可不知的管理效应》 | 谢申刚 张金豹 | 30.00 |
| | 17 | 《成为好教师的7项修炼》 | 王福强 李维华 | 30.00 |
| | 18 | 《如何让学生会学习》 | 龙冰 | 30.00 |
| | 19 | 《如何让学生爱学习》 | 周震宇 许小燕 | 30.00 |
| 名师感悟系列 | 20 | 《让心灵伴着歌声成长——22位音乐名师的教育智慧》 | 陈璞 | 30.00 |
| | 21 | 《超越自我的教师——32位名师的成长感悟》 | 李卫东 李秀伟 | 35.00 |
| | 22 | 《心灵的守护者——19位名班主任的教育智慧》 | 王晓松 曲文弘 | 30.00 |
| | 23 | 《名师感悟班主任有效工作艺术90例》 | 符礼科 | 30.00 |
| | 24 | 《名师感悟有效教学90例》 | 林高明 徐玉烟 | 30.00 |
| 教育探索者系列 | 25 | 《让个性绽放精彩——学校课程体系整合与创生》 | 谢建伟 徐淑萍 | 30.00 |
| | 26 | 《让每个学生都幸福——最能润泽生命的学校文化建设》 | 谢建伟 张新喜 | 30.00 |

| 系列 | 序号 | 书名 | 主编 | 定价 |
| --- | --- | --- | --- | --- |
| 教育家核心思想系列 | 27 | 《多元智能理论的本土化应用》 | 刘治富 | 30.00 |
| | 28 | 《大教育家最具施教力的教学思想》 | 白刚勋 | 30.00 |
| 创新教学探索系列 | 29 | 《粘连作文教学：让习作成为有个性的自我建构》 | 黄瑞夷 | 30.00 |
| | 30 | 《备学式教学——在体验中建构数学思维》 | 单广红　范雪梅 | 30.00 |
| | 31 | 《向着自主进发——自主教育的创新实施智慧》 | 朱亚红 | 30.00 |
| | 32 | 《写中学——让学习更有效的学科写作教学》 | 钟传祎 | 30.00 |
| | 33 | 《小学科学实验总动员<br>——大科学课堂有效提升学生创新力》 | 江美华 | 30.00 |
| | 34 | 《小学语文单元整体课程实施与评价》 | 李怀源 | 30.00 |
| | 35 | 《小学英语单元整体课程实施与评价》 | 李怀源 | 30.00 |
| | 36 | 《小学数学单元整体课程实施与评价》 | 李怀源 | 30.00 |
| 教育管理力系列 | 37 | 《“走”出教育的精彩：走动式学校管理文化构建》 | 罗　军 | 30.00 |
| | 38 | 《校长兵法：学校管理四十六计》 | 皮大鹏 | 30.00 |
| 核心教学主张系列 | 39 | 《新生代语文名师核心教学主张》 | 许友兰 | 30.00 |
| 行思讲坛系列 | 40 | 《师爱无疆——润泽学生心灵的教育故事》 | 侯忠彦 | 30.00 |
| | 41 | 《怎样反思更有效——促进教师专业发展的反思策略》 | 诸贝贝 | 30.00 |
| | 42 | 《成为高度自觉的教育者——写给后课标时代的数学教师》 | 许卫兵 | 30.00 |
| | 43 | 《哲思数学课》 | 刘全祥 | 30.00 |
| | 44 | 《把学生教聪明》 | 严育洪 | 30.00 |
| | 45 | 《教师最应该规避的教育误区》 | 杨坤道 | 30.00 |
| | 46 | 《用语文的方式教语文——潘文彬教学主张与实践智慧》 | 潘文彬 | 30.00 |
| | 47 | 《怎样让阅读教学更有效<br>——提升教学能力的十种读诵模式》 | 汪秀梅 | 28.00 |
| | 48 | 《让生命在润泽中起舞——当代小学生最需要的主题班会》 | 吴联星　罗　琳<br>冯卫东 | 30.00 |
| | 49 | 《让生命欢快拔节——当代中学生最需要的主题班会》 | 冯卫东　吴联星 | 30.00 |
| | 50 | 《课堂因生成而精彩——高效教学的生成智慧》 | 张文质 | 30.00 |
| | 51 | 《回到每一个人的生命化教育<br>——张文质二甲中学教育行动录》 | 张文质 | 30.00 |
| | 52 | 《智慧数学课——黄爱华教学思维的实践策略》 | 黄爱华 | 30.00 |

| 系列 | 序号 | 书　　名 | 主编 | 定价 |
|---|---|---|---|---|
| 高效能教学系列 | 53 | 《让作文落地生根——提高写作实效的教学策略》 | 黄桂林 | 30.00 |
| | 54 | 《高效能作文教学 5 项修炼》 | 陈步华 | 30.00 |
| | 55 | 《高效能校长的 10 个好习惯》 | 张　勤 | 30.00 |
| | 56 | 《高效能教师的 10 个好习惯》 | 谢　英 | 30.00 |
| | 57 | 《高效能语文教学 5 项修炼》 | 王其华 | 30.00 |
| 教育求索系列 | 58 | 《思政教学的人文力量》 | 戴晓华 | 30.00 |
| | 59 | 《师道新说——给教育者的 30 条箴言》 | 徐　卫 | 30.00 |
| 中国教育变革之路丛书 | 60 | 《百年树人师何为——教师队伍建设困顿与出路》 | 将丽珠　李玉向 | 30.00 |
| | 61 | 《入园何时不再难——学前教育困惑与抉择》 | 曾晓东<br>范　昕　周　慧 | 30.00 |
| | 62 | 《三尺书桌何处寻——流动人口子女教育困难与破解》 | 范先佐 | 30.00 |
| | 63 | 《苦旅何以得纾解——高考改革困境与突破》 | 郑若玲 | 30.00 |
| | 64 | 《择校纠结何时了——择校问题困局与治理》 | 曾晓东　周文海<br>曾娅琴 | 30.00 |
| 创新教学思想系列 | 65 | 《"大问题"教学的形与神》 | 黄爱华　张文质 | 30.00 |
| 校长领导力系列 | 66 | 《高品质学校生长要素》 | 王益民 | 30.00 |
| | 67 | 《校长高校教学领导力提升策略》 | 徐世贵　郭文智 | 30.00 |
| 教育漫笔系列 | 68 | 《课堂，诗意地栖居》 | 吴书华 | 30.00 |
| 新思维系列 | 69 | 《教育中的"不一定"——打破教育的 19 种思维惯式》 | 严育洪 | 30.00 |
| 教学全手册系列 | 70 | 《小学习作教学全手册》 | 郭家海 | 30.00 |
| | 71 | 《中学写作教学全手册》 | 郭家海 | 30.00 |
| | 72 | 《情境教学操作全手册》 | 冯卫东 | 35.00 |
| | 73 | 《合作教学操作全手册》 | 李春华 | 35.00 |
| | 74 | 《探究教学操作全手册》 | 周新桂 | 35.00 |
| | 75 | 《自主教学操作全手册》 | 诸葛彪 | 35.00 |
| | 76 | 《创新教学操作全手册》 | 王　玮 | 35.00 |
| | 77 | 《班主任工作全手册》 | 刘沛华 | 35.00 |
| | 78 | 《新教师工作全手册》 | 周震宇 | 35.00 |
| | 79 | 《学生心里健康教育全手册》 | 刘海莉　刘春杰 | 35.00 |
| | 80 | 《高效教学操作全手册》 | 马友平 | 35.00 |

| 系列 | 序号 | 书　　名 | 主编 | 定价 |
| --- | --- | --- | --- | --- |
| 校本研修系列 | 81 | 《特色校本课程开发范例解读》 | 刘永平　李秀伟<br>张雪梅 | 30.00 |
| | 82 | 《高效校本研修模型构建艺术》 | 刘素雁 | 30.00 |
| | 83 | 《走向实践的教研——中小学教育科研引领与应用》 | 江　敏 | 30.00 |
| 教学提升系列 | 84 | 《有思想地教阅读——让学生学会品读文字真意》 | 王学东 | 30.00 |
| 教育艺术提升系列 | 85 | 《藏在师生体态语言里的教学智慧》 | 张　宇　廖生波 | 30.00 |
| 幼师成长系列 | 86 | 《幼儿行为背后——教师如何读懂幼儿的心思》 | 吴亚英 | 30.00 |
| | 87 | 《最具教育力的22种幼儿教育思想》 | 杨　达 | 30.00 |
| | 88 | 《幼儿教师必知的安全应急措施》 | 杨　达 | 30.00 |
| | 89 | 《幼儿教师必备的教育技能》 | 李　玲 | 30.00 |
| | 90 | 《卓越园长21条幼儿园管理策略》 | 周　丹　江东秋 | 30.00 |
| 创新人才培养系列 | 91 | 《创新人才培养校园科普精品课程开发与指导<br>——人大附中创新人才培养》 | 罗　滨 | 30.00 |
| | 92 | 《创新人才培养特色校本课程开发与创新人才培养<br>——清华附中“国际安全下的科学技术”课程构建与实施》 | 王殿军　方　研<br>赵宏雁 | 30.00 |
| | 93 | 《创新人才培养：学校实验室建设与管理》 | 刘克文<br>杨发丽　杨　平 | 30.00 |
| | 94 | 《创新人才培养：数学探究活动开发与指导》 | 马云朋　韩继伟 | 30.00 |
| | 95 | 《创新人才培养：化学研究活动开发与指导》 | 王　磊 | 30.00 |
| | 96 | 《创新人才培养：物理探究活动开发与指导》 | 廖伯琴 | 30.00 |
| | 97 | 《创新人才培养：地理探究活动开发与指导》 | 张建珍　陈　澄 | 30.00 |
| | 98 | 《创新人才培养：生物探究活动开发与指导》 | 张迎春 | 30.00 |
| | 99 | 《创新人才培养：理念探索与思维突破》 | 王晶莹 | 30.00 |
| 教育思想者系列 | 100 | 《教育，一切从孩子出发》 | 黄　俭 | 30.00 |
| 新生代通派名师系列 | 101 | 《简约数学教学》 | 许卫兵 | 30.00 |
| | 102 | 《语文教学的本真——情意课堂展现母语之美》 | 吴建英 | 30.00 |
| | 103 | 《语文课堂的理想追求——欢快达成三维目标》 | 董一红 | 30.00 |
| | 104 | 《阅读教学的真髓——意象构建读出文学的真美》 | 祝　禧 | 30.00 |
| | 105 | 《美术教育的真谛——审美人生教育让生命绚丽成长》 | 陈铁梅 | 30.00 |
| | 106 | 《语文教学的理想境界——无痕教学润泽生命》 | 李　凤 | 30.00 |
| | 107 | 《儿童作文的本义——嬉乐作文让儿童乐并成长着》 | 王笑梅 | 30.00 |
| | 108 | 《名师是怎样炼成的》 | 王建明　王笑君 | 35.00 |